LES REGISTRES

DE

L'ÉTAT CIVIL PROTESTANT EN FRANCE[1]

DEPUIS LE XVIe SIÈCLE JUSQU'A NOS JOURS

Peu de documents se trouvent, à l'heure actuelle, aussi dispersés que les registres de l'état civil protestant. Alors que les registres de catholicité sont à peu près exclusivement conservés aux archives communales et départementales, ou aux greffes des tribunaux civils, ceux du culte réformé, véritables *disjecta membra*, ont pris place dans toutes les catégories de dépôts, publics et privés : Archives nationales, départementales, communales, hospitalières, judiciaires, consistoriales, particulières[2].

La législation de la matière et le principe du respect des fonds expliquent-ils cette diversité d'affectations, qui, au premier abord, peut paraître singulière? D'autre part, les registres protestants, dont plusieurs sont actuellement conservés en double, présentent-ils, à leur origine, le caractère de documents publics? A côté des copies contemporaines authentiques, ne trouve-t-on pas des transcriptions faites après coup? Telles sont les diverses questions que, sans insister sur l'intérêt historique et juridique du sujet[3], nous voudrions essayer d'éclaircir, en examinant, surtout au point de vue documentaire :

1° en vertu de quels textes, par qui et comment étaient enregistrés les baptêmes, mariages et sépultures des Réformés;

1. Alsace non comprise, car dans cette province les protestants bénéficièrent jusqu'à la fin de l'ancien régime d'une législation particulière. Cf. Beauchet, *les Formes de la célébration du mariage dans l'ancien droit français*, dans *Nouv. Revue hist. de droit français et étranger*, 1882, p. 679-681.

2. On trouvera au cours de la présente étude, mais surtout dans la deuxième partie, de nombreuses références relatives à chacune de ces catégories de dépôts.

3. Après E. Benoist (*Histoire de l'édit de Nantes*), Malesherbes (*Mémoire*

2° quel a été le sort des registres protestants, et dans quels dépôts se trouvent aujourd'hui les registres de telle période et de telle église[1].

I.

Lorsque les Réformés commencèrent à s'organiser en France sur des bases précises, l'enregistrement de l'état civil n'était plus pour eux une question entière.

Au point de vue *légal*, d'abord, l'ordonnance de Villers-Cotterets (août 1539), donnant force de loi à des usages depuis longtemps établis dans l'Eglise catholique[2], avait prescrit la tenue de deux sortes de registres : registre de baptêmes des personnes de toute catégorie (article 51); registre de décès des personnes pourvues de bénéfices (article 50).

Au point de vue *religieux*, ensuite, Calvin, retiré à Genève, y avait fait adopter, le 20 novembre 1541, un projet d'ordonnance[3] renfermant, au sujet du baptême, des prescriptions qui paraissent inspirées en partie par l'ordonnance royale de 1539 : « ... qu'on enregistre les noms[4] des enfants [baptisés], avec les

sur le mariage des protestants), Rulhière (*Éclaircissements historiques sur les causes de la révocation de l'édit de Nantes*), après l'ouvrage de L. Anquez (*De l'état civil des Réformés de France*, 1868), il reste bien peu à dire sur cet aspect de la question. La récente thèse juridique de M. Roger Chastanier (*l'État civil des protestants, 1550-1792*, Nimes, 1922) est un exposé clair, mais sans apport de faits vraiment nouveaux.

1. Afin de ne pas multiplier les notes outre mesure, on ne donnera de références que pour les textes non insérés aux recueils ci-après indiqués :

Législation civile : Isambert, *Recueil général des anciennes lois françaises*, Paris, 1823-1827, 28 vol. in-8° et la table. — Pilatte, *Édits, déclarations et arrests concernans la Religion P. Réformée (1662-1751)*, Paris, 1885, in-8°.

Législation synodale : Aymon, *Tous les synodes nationaux des églises réformées de France...*, La Haye, 1710, 2 vol. in-4°. — Hugues, *les Synodes du Désert*, Paris, 1885-1886, 3 vol. gr. in-8°.

En outre, les renvois au *Bulletin de la Société de l'histoire du protestantisme français* seront faits sous la forme abrégée : *Bull. prot.*

2. Cf. Paul Viollet, *Précis de l'histoire du droit civil français*, 1re éd., p. 383-388.

3. Publié dans les *Opera omnia* de Calvin (éd. Baum, t. XX, 1re partie, col. 17-30).

4. Une ordonnance du 22 novembre 1546 (*ibid.*, col. 49 à 56) proscrivit les prénoms rappelant l'idolâtrie. Ce règlement, dont on trouve des échos aux synodes nationaux d'Orléans (1562, art. 21), Nimes (1572, art. 3), Figeac (1579, art. 4), a inspiré, dans la *Discipline ecclésiastique*, l'art. 13 du chapitre xi.

noms de leurs parents; que, s'il se trouvait quelque bâtard, la justice en soit avertie. » En ce qui concerne les mariages, Calvin rappelle la « dénonce des bans accoutumée[1] », mais n'ordonne point leur enregistrement[2]. Quant aux sépultures, il se contente de donner à leur sujet des instructions de police[3].

Telle était, pour les Réformés du royaume, la situation légale et religieuse de l'état civil lorsque se réunit à Paris le premier synode national (mai 1559). Une question aussi importante que celle de l'enregistrement des baptêmes et des mariages ne pouvait manquer d'y être agitée. Effectivement, l'article 35 des décisions alors prises renferme cette phrase fondamentale : « Tant les mariages que les baptêmes seront enregistrés et gardés soigneusement en l'église, avec les noms des pères et mères et parrains des enfants baptisés. » Voilà le texte qui doit être considéré comme ayant pratiquement créé en France l'état civil des Réformés[4].

1. « Accoutumée » en l'Église catholique, mais non adoptée encore par la législation civile. Voir ci-dessous, p. 309.

2. Quatre ans plus tard, son projet d'ordonnance du 10 novembre 1545, adopté seulement en 1561, précise les formalités préalables à la célébration du mariage, sans prescrire davantage la tenue d'un registre des nouveaux mariés.

3. L'ordonnance calviniste de 1541 reçut immédiatement son application dans les paroisses de la campagne de Genève, qui ont conservé des registres de baptêmes remontant à 1542. (Communication de M. Paul-E. Martin, archiviste d'État à Genève.) — Par contre, il semble bien qu'en France les Réformés aient, jusqu'en 1559 (cf. la note suivante), obéi aux prescriptions du pouvoir civil (baptême enregistré par le curé), au mépris de l'ordonnance de Calvin. Pour une église donnée, il n'existe donc aucun moyen de connaître avant 1559 le nombre de ses fidèles. Les parlements avaient bien recommandé à l'autorité ecclésiastique l'établissement, dans chaque paroisse, d'un rôle des communiants où seraient notés les dissidents, rôle qui devait être transmis au procureur royal du ressort. Mais ce conseil ne paraît pas avoir été suivi. Cf. L. Romier, *les Protestants français à la veille des guerres civiles*, dans la *Revue historique*, janvier-février 1917, p. 32.

4. Nulle part, en effet, on ne trouve, pour les protestants, de registres de baptêmes ou de mariages antérieurs au synode de 1559. L'*Inventaire sommaire... des fonds conservés aux Archives nationales* indique bien (col. 110) : « Montauban : baptêmes à partir de *1556* », mais c'est là une inexactitude, empruntée au bordereau de saisie des registres (1686). De même, le plus ancien acte du « registre de baptêmes de Jean Frèrejean (*1541-1564*) », reproduit par M. Patry au *Bull. prot.* (t. L, p. 135-157; arch. privées, à Saujon, Charente-Inférieure), porte la date du 28 mai 1561, les mentions antérieures étant une simple chronique de l'établissement de la Réforme à Saint-Seurin d'Uzet-en-Saintonge. A notre connaissance, les plus anciens registres protestants sont

Il convient de faire ici deux remarques importantes :

1° En ordonnant l'enregistrement des baptêmes, le synode ne paraît pas avoir pensé que cette pratique pourrait suppléer à l'inscription desdits actes sur les registres légaux prescrits par l'ordonnance de Villers-Cotterets. C'est ce qui ressort clairement de l'article 8 des « faits spéciaux » examinés à ce synode : « Les frères de Saint-Jean-d'Angély ayant proposé s'il était licite aux fidèles de faire écrire le nom de leurs enfants dans les registres des prêtres papistes, nous leur avons répondu que, *puisque c'était une ordonnance faite por le roi concernant la police*, les ministres et le consistoire auront égard à la fin et intention de celui qui fait une telle chose et l'avertiront de prendre bien garde que, par ce moyen, il ne donne à entendre qu'il soit encore papiste. »

2° En ce qui concerne l'enregistrement des mariages, que n'avait point visé l'ordonnance de Villers-Cotterets, les Réformés se montraient presque aussi tolérants. La formalité des bans, d'origine ecclésiastique, ne fut adoptée par l'autorité civile qu'en 1579[1]; or, le synode (article 24 des « faits spéciaux ») permet expressément aux protestants de « faire proclamer leurs annonces dans le papisme, d'autant que c'est une chose purement politique[2] ». Mais il reste muet sur la célébration et l'enregistrement du mariage lui-même, que la doctrine calviniste ne pouvait évidemment abandonner, même exceptionnellement, au prêtre catholique.

Ainsi donc, d'après le premier synode national, le prêtre catholique restait le véritable officier de l'état civil. Cette interprétation laissait entrevoir, pour l'autorité royale, deux

ceux de *Caen* (arch. du Calvados, C 1565, p. 39 de l'inventaire imprimé), *Loudun* (Arch. nat., *Invent. sommaire*, col. 110), *Montpellier* (arch. comm., GG 314; cf. *Bull. prot.*, t. IV, p. 392-403), *Saint-Jean-du-Gard* (arch. comm.; cf. *Bull. prot.*, t. XLIX, p. 563), *Vitré* (arch. judic.; *ibid.*, t. L, p. 197), qui remontent tous à 1560. D'après le *Bull. prot.* (t. LXI, p. 19), le greffe de Saint-Nazaire possédait un registre de 1559, actuellement égaré; mais la mention est dépourvue d'indication de quantième.

1. Ordonnance de Blois, art. 40. Cf. Esmein, *le Mariage en droit canonique*, t. I, p. 181-182.

2. L'incidente est inexacte, comme le prouvent les indications données ci-dessus. — En souvenir de cette tolérance, la *Discipline ecclésiastique* (article 18 du chapitre XIII) permet aux protestants « demeurant ès lieux où l'exercice de la religion n'est pas établi » de « faire publier leurs annonces ès temples de l'Église romaine, en tant que c'est chose purement politique ».

éventualités également fàcheuses : d'une part, les Réformés ne
se prêteraient pas volontiers aux cérémonies du culte catholique[1], qui constituaient alors, somme toute, nos formalités
actuelles de l'état civil; et, d'autre part, les prêtres orthodoxes
ne voudraient point conférer à des hérétiques les sacrements de
baptême ou de mariage.

Aussi bien le pouvoir royal s'aperçut-il bientôt[2] du danger
que présentait la situation. Le second des édits de pacification
(édit d'Amboise, 19 mars 1563 n. st.) venait de donner aux
Réformés un culte public, des temples, des ministres, sans confier toutefois à ces derniers la mission d'enregistrer les baptêmes. Refuser cette prérogative aux pasteurs protestants, c'était
s'exposer à laisser sans état civil légal tous les enfants issus des
partisans de la religion nouvelle. Comme on ne voulait pas courir ce risque, le roi prit le parti d'autoriser implicitement —
mais *implicitement* seulement[3] — les ministres réformés à
tenir registre authentique des actes de baptêmes.

Examinons à ce propos la « Déclaration et interprétation sur
l'édit du mois de mars 1562[-3] ... », rendue le 14 décembre de
la même année. Ce texte, simplement mentionné par Isambert[4],
mérite, croyons-nous, de retenir l'attention. L'article 9 intéresse
directement notre sujet : « Et pour pourvoir aux différends qui
se sont mus en divers lieux pour raison des baptêmes et sépultures[5], nous permettons, quant auxdits baptêmes, aux parents
et parrains des enfants qui naîtront en tous lieux, sans nuls
excepter, où n'y aura aucun exercice de religion, qu'ils puissent
porter baptiser leursdits enfants, en compagnie de quatre ou
cinq tant seulement, au plus prochain lieu où se fera ledit

1. Cf. Anquez, *op. cit.*, p. 11, note 1, et p. 12.
2. Il ne pouvait ignorer les décisions du premier synode, qui commençaient
à porter leurs fruits. Cf. la note 4 de la page 308 et le préambule de l'édit du
11 mars 1560 (n. st.) : « ... Et d'autant que... grand nombre de personnes... se
sont ci-devant trouvées ès cènes et baptêmes qui se sont faits dans notre
royaume à la mode de Genève... »
3. Il faudra attendre l'arrêt du 22 septembre 1664 (article 9) pour trouver
les pasteurs protestants *explicitement* chargés d'enregistrer l'état civil de leurs
ouailles. Cf. ci-dessous, p. 318.
4. Il est reproduit notamment dans le *Recueil des édits de pacification*,
publié à Genève en 1658, p. 27-35.
5. L'article 10, qui traite des sépultures, ne concerne que les cimetières et
la police des convois funèbres.

exercice, soit maison de gentilshommes ou autres : *à la charge toutefois qu'ils viendront aux juges des lieux de leur nativité, le jour que lesdits enfants seront nés, pour les faire enregistrer en leurs greffes, dont nous chargeons lesdits juges et leurs greffiers faire registre à part.* »

Ces prescriptions, semble-t-il, étaient à double effet : 1° dans tous les lieux où le culte réformé était autorisé et organisé avec un pasteur résidant à demeure, celui-ci se trouvait implicitement habilité à tenir pour les actes de baptême un registre légal, que les commissaires royaux avaient le droit de vérifier[1] ; 2° partout ailleurs, les enfants des Réformés pouvaient être baptisés par le pasteur du lieu d'exercice le plus voisin, mais la constatation et l'enregistrement de leur naissance étaient réservés « aux juges des lieux de leur nativité ».

Ainsi se trouvait créé un véritable état civil laïque à l'usage des Réformés non groupés en église officiellement constituée. Malheureusement cette institution si judicieuse, qui, généralisée, eût évité bien des embarras à la monarchie, n'est jamais, semble-t-il, entrée sérieusement en vigueur. Et cet échec s'explique facilement ; en effet, les Réformés « sporadiques », si l'on peut ainsi parler, devaient fatalement, un jour ou l'autre, considérer comme « civilement » valable pour eux-mêmes le baptême conféré par leurs pasteurs, étant donné que ce même baptême avait implicitement une valeur légale pour leurs coreligionnaires « agglomérés ».

Est-ce à dire que la déclaration du 14 décembre 1563 n'ait jamais reçu d'application? Nullement. Sans doute, aucun dépôt judiciaire ne paraît avoir conservé les registres dont cette déclaration prescrivait la tenue. Mais, outre que les fonds des anciennes juridictions sont loin, à l'heure actuelle, d'être entièrement dépouillés, on trouve, en divers points de la France, la preuve manifeste que l'état civil laïque des Réformés a, dans la seconde moitié du XVIᵉ siècle, préoccupé les autorités locales.

Dès le 19 juillet 1564, les consuls d'Agen s'inquiètent de savoir, auprès du greffier de la cour consulaire, si les Réformés

---

1. Cf. la mention, en date du 1ᵉʳ avril 1566, relevée sur un registre de l'église du Cateau-Cambrésis : « ... par devant messieurs les commissaires, je, Jacques Desquesnes, certifie que tous les baptêmes ou mariages contenus dans ce livre... sont véritables..., témoin mon seing cy mis... [*Signé* :] DES QUESNES » (arch. du Nord. Cf. *Bull. prot.*, t. III, p. 537).

ont fait ouvrir un registre de baptêmes[1]. Quelques années plus tard, vers la fin du carême de 1571, à Troyes, les commissaires royaux, Lamoignon et Pothier, promulguent des ordonnances enjoignant aux Réformés de « rapporter au greffe du bailliage, ou aux juges du lieu, le jour et le lieu où ils [leurs enfants] auront été baptisés, avec les noms et surnoms des parents, des parrains et du ministre[2] ».

Toutefois, ce sont surtout les archives communales de Moissac qui permettent de constater comment on enregistrait « civilement », au lendemain de la déclaration du 14 décembre 1563, la naissance des Réformés. Bien que très mutilé, le fonds de la juridiction municipale moissagaise renferme, en effet, deux requêtes qui expliquent la procédure alors suivie.

La scène se passe au mois de décembre 1564. A Moissac, la doctrine de Calvin ne compte que quelques rares adeptes, pour lesquels n'a pu être institué le « lieu d'exercice » prévu, dans chaque bailliage, par l'article 3 de l'édit d'Amboise. Parfaitement au courant de la déclaration interprétative de l'édit, deux d'entre eux, les sieurs Antoine Granier[3] et Barthélemy Blanc, apothicaire, demandent aux consuls de « faire enregistrer en leurs registres » la naissance de leur dernier enfant, baptisé en l'Église réformée, et cela, ajoutent-ils expressément, « en suivant les édits du roi ». Un peu interloqués tout d'abord, les juges municipaux « offrent faire leur devoir en suivant les édits du roi », mais protestent « contre le scandale qui s'en pourrait ensuivre ». Finalement, besoin est de recourir au ministère d'un notaire, et, « au greffe de la cour de messieurs consuls de Moissac », lesdits requérants font, en bonne et due forme, une véritable déclaration de naissance, que signent le notaire, les consuls et deux témoins[4].

---

1. Arch. comm. d'Agen, FF 32, fol. 90. Cf. l'inventaire imprimé, p. 8 de la série FF.

2. Archives de la Société académique de l'Aube, ms. Pithou (fol. 568). Cité par Pétel, *le Temple protestant de Landreville*, dans les *Mémoires* de ladite Société, année 1907, p. 101.

3. Sa profession n'est pas indiquée.

4. Arch. comm. de Moissac, GG 94 *bis*. Jadis numérotées XI et XXVI, ces deux requêtes ont sans doute appartenu à une liasse que les juges consulaires de Moissac avaient constituée en registre factice, comme le faisaient, au xviii⁴ siècle, les officiers de police pour les permis d'inhumer. — Le rédacteur de l'inventaire imprimé a commis un contresens en affirmant dans son intro-

Ainsi la preuve est faite, croyons-nous, qu'une certaine catégorie de protestants a pu, dès 1564, bénéficier partiellement d'un état civil laïque. Mais la question n'était pas mûre : plus de deux siècles passeront avant que soit promulgué l'édit de tolérance.

Jusqu'ici il n'a pas été question de l'enregistrement des sépultures. L'Église réformée s'en est préoccupée assez tard, exactement en 1584, date à laquelle le treizième synode, tenu à Montauban, décida (article 47 des « matières principales ») que l'on ferait « dans tous les consistoires un registre tant de ceux qui seront reçus dans l'Église que de *ceux qui viendront à décéder* ». Mais, en fait, quelques églises ont pu, dès leur constitution, tenir registre de leurs défunts : il suffira de citer ici celle de Montauban [1].

Du reste, l'ordonnance de Blois (mai 1579) venait de renforcer et compléter les prescriptions royales relatives à la tenue des registres de baptêmes, mariages et sépultures. Sans doute, n'est-il point fait mention explicite des pasteurs protestants au cours des articles 40 et 181, qui fixent et précisent les obligations des officiers de l'état civil [2]. Néanmoins, les pasteurs en tinrent grand compte, et, de son côté, le gouvernement royal dut de plus en plus les autoriser tacitement à remplir les fonctions qu'exerçaient déjà les curés.

*
* *

Législation civile et législation synodale en matière d'état civil étant désormais fixées pour quelque temps, il convient d'examiner les registres issus de cette réglementation.

Comme chez les catholiques, on trouve à l'origine des registres

duction (p. 62) que les Réformés demandaient l'inscription de leurs enfants dans les registres catholiques.

1. Arch. comm., 12 GG 35-36 (années 1565-1628).

2. On a prétendu que dans l'énumération des « curés, vicaires ou autres » (art. 40 précité), l'adjectif *autres* pouvait désigner les pasteurs protestants. Cette interprétation paraît peu plausible. Toutefois, il est curieux de constater que la loi du 20 septembre 1792 renferme une expression analogue et aussi vague (« autres dépositaires »), et que, se basant sur ces deux mots, les officiers municipaux acceptèrent en dépôt, ou même se firent remettre, les registres du Désert, dépourvus, pourtant, de toute valeur légale. Cf. ci-après, p. 340.

pour chaque catégorie d'actes[1] : baptêmes, mariages, sépultures; mais leur rédaction et leur valeur documentaire sont très inégales.

Baptêmes. — Dès le début, ils sont enregistrés avec fidélité, sinon avec toutes les indications désirables. Tout d'abord y figurent seulement les noms du père et du parrain, le prénom de l'enfant et la date de son baptême. Au fur et à mesure que se développe le chapitre XI de la *Discipline*[2], on ajoute les noms de la mère et de la marraine, la date de naisssance de l'enfant, enfin le nom du pasteur qui a administré le baptême; le plus souvent, aucune signature n'est apposée[3]. — En ce qui concerne les enfants illégitimes, le synode national de Vitré (1583) décide[4] qu'ils seront enregistrés avec les noms des parents, en tant qu'on les pourra connaître. Toutefois, ajoute le synode, il suffira, pour les enfants « nés en inceste, afin d'éteindre la mémoire d'une méchanceté si énorme,... de nommer la mère avec celui et celle qui présenteront l'enfant. Et en tous illégitimes il sera fait mention qu'ils sont nés hors de mariage[5]. »

1. Cette règle souffre des exceptions. Cf. notamment le « registre des baptesmes et mariages » de l'église de Caen pour les années 1570-1571 (arch. du Calvados, C 1568).

2. Voici le texte adopté en définitive (article 18) : « Les baptêmes seront enregistrés et soigneusement gardés dans l'église, avec les noms des pères et des mères, des parrains et des marraines, et des enfants baptisés. Et les pères et les parrains seront tenus d'apporter un billet dans lequel seront contenus les noms de l'enfant, des père et mère, parrain et marraine de l'enfant, et le jour de la nativité y sera mis. »

3. Exceptionnellement, semble-t-il, on trouve à La Rochelle, dès 1561, des registres signés (arch. de la Charente-Inférieure, supplément à la série E, registres déposés au greffe; p. 1-2 de l'inventaire imprimé).

4. Article 9 des « matières générales », qui est devenu, dans la *Discipline*, l'article 19 du chapitre XI.

5. A Montauban, pour distinguer les bâtards, fort rares d'ailleurs, on omettait, après le nom des parents, la mention « mariés ». Il arrivait aussi que le rédacteur du registre signalait les naissances suivant de trop près la célébration du mariage. — Certains rituels catholiques étaient, à cet égard, aussi sévères que la *Discipline ecclésiastique*. Cf. J.-L. Brunet, *le Parfait notaire apostolique*, t. I, p. 171, et Gandilhon, *Inventaire sommaire des archives du Cher*, t. II de la série E, p. VIII. Le Code civil (art. 57) était, en fait, tout aussi rigoureux, mais la loi du 22 juillet 1922 a supprimé les mentions relatives au père ou à la mère, lorsque ceux-ci sont inconnus ou non dénommés.

Mariages. — « Les mariages, dit simplement la *Discipline*[1], seront enregistrés et soigneusement gardés en l'église. » Cette brève prescription n'a pas suffi à assurer partout la parfaite tenue des registres de mariages. La plus grande diversité règne à ce sujet. Tantôt on trouve, dès le début, des rédactions presque satisfaisantes, par exemple cet acte enregistré par le consistoire de Montpellier : « Février 1562. Ont épousé Guillaume de Merven, de Montpeillier, et Jeanne Olivière, de Teyran, le premier jour dudit mois, les annonces faites par trois fois et par consentement de leurs parents et amis ; instrument reçu par Me Guillaume Solier, notaire[2]. » Tantôt l'acte est beaucoup plus sommaire, comme le suivant, dressé à Caussade : « Hugues Laroque, cordonnier de la présente ville, épousa Antoinette de La Caze le 21 septembre 1573[3]. » Très souvent aussi les consistoires, comme d'ailleurs beaucoup de curés, ne tiennent, à vrai dire, que des registres de publications ; dans ce cas, une brève note marginale (par exemple à Montauban[4]), ou même deux simples traits biffant la mention des annonces (notamment à Montpellier[5]), suffisaient, dans l'esprit des rédacteurs du registre, à fournir la preuve du mariage. On trouve ainsi des mentions analogues aux suivantes[6] :

« Le xxix° août 1568, les annonces des mariages sous nommés ont été achevées :

Le 29e jour, même jour, a été célébré le mariage	Premièrement entre sieur Anthoine Canazillé, marchand, d'une part, et Guillaumette de Bosco, d'autre, tous deux de Montauban.
. . . . .	. . . .
Le 5e jour du mois de septembre ont été épousés	*Item*, Jean Gilibert, d'Albias, d'une part, et Anne Bessière, de Montauban, d'autre. »

1. Chap. xiii, art. 27.
2. Arch. de Montpellier, GG 315. (Communication de M. Joseph Berthelé.)
3. Arch. de Tarn-et-Garonne, état civil non coté, registre des mariages du consistoire de Caussade (1572-1667).
4. Arch. comm., 12 GG 28-33. Cf. M. Nicolas, *les Registres de baptêmes, mariages et décès des protestants de Montauban...*, dans *Bull. prot.*, t. XXII et XXIII.
5. Arch. comm., GG 364-370. Cf. Corbière, *l'État civil de l'église de Montpellier, ibid.*, t. XVI, p. 194 et suiv.
6. Arch. de Montauban, 12 GG 28.

Parfois même la preuve de célébration du mariage est encore moins certaine. Lorsque publications et bénédiction n'avaient pas lieu dans la même localité[1], le pasteur, à la troisième annonce se bornait à mettre en marge une mention comme celle-ci : « Baillé cartel pour épouser à X..., le ...[2]. »

Sépultures. — Ces actes, pour l'enregistrement desquels les prescriptions synodales, à la fois tardives et sommaires, ne furent jamais insérées dans la *Discipline*, se trouvent généralement fort mal représentés. En premier lieu, les mentions sont très laconiques, au point d'être difficilement utilisables aujourd'hui, comme celle-ci, par exemple, relevée sur un registre montalbanais à la date de 1566 : « Du dernier jour dudit mois [de juin] : un enfant de Pierre Lacoste, de Lérisbosc[3]. »

En second lieu — et ceci est bien autrement regrettable — beaucoup de décès n'étaient pas enregistrés. Ainsi, à Montauban, on ne trouve que six mortuaires pour l'année 1623, cinq pour 1633, sept pour 1634, six pour 1640, neuf pour 1645, alors que la moyenne annuelle des baptêmes pour cette période est de 574. Des mémoires contemporains nous apprennent qu'à Montauban la peste de 1630 fit en quelques mois plus de 3,000 victimes; il n'y a cependant que 33 décès inscrits aux registres mortuaires pour toute la durée de l'année. De même pour 1621, l'année du célèbre siège, 40 décès seulement sont notés.

Il faut attribuer, au moins en partie, cette irréparable négligence à la doctrine calviniste elle-même. N'admettant pas l'existence du purgatoire, les protestants ne pouvaient pas considérer la présence des pasteurs comme indispensable aux

1. On peut trouver aussi cette formule lorsque le mariage était célébré au lieu même de la publication. Cf. arch. de Montauban, 12 GG 33.

2. D'après le pasteur Corbière (*op. cit.*), le consistoire de Montpellier aurait tenu, simultanément, semble-t-il, de 1662 à 1668, un registre de bans et un registre de bénédictions nuptiales. Vérification faite, les archives communales de Montpellier ne possèdent, pour cette période, qu'un registre de publications, GG 370. (Communication de M. Joseph Berthelé.)

3. Même imprécision, à l'origine, dans les registres de catholicité. Les prénoms, le sexe des enfants étaient fréquemment omis. « L'important, a dit fort justement M. de Fontenay, était de noter soigneusement le nom des parents, qui devaient acquitter les droits de sépulture. » Cf. ses *Recherches sur les actes de l'état civil aux XIVe et XVe siècles*, dans *Bibl. de l'École des chartes*, année 1369, p. 543-558.

obsèques de leurs proches. Du reste, les ministres étaient, à cette époque, en bien petit nombre pour l'immense étendue de leur champ d'action. L'enterrement était en quelque sorte une cérémonie de famille, nullement réglementée par la *Discipline*[1] ; le pasteur ne le connaissait que lorsque les parents ou les amis venaient, souvent assez tard[2], en faire la déclaration.

*   *

Contrairement à ce qu'ont écrit plusieurs auteurs[3], l'édit de Nantes n'apporta aucune précision ni aucune modification à la situation de fait alors existante. Il en fut de même de l'ordonnance de janvier 1629, ou Code Michau, qui renouvela (articles 29, 39 et 40) les prescriptions relatives aux formalités et aux registres de l'état civil; ce texte mentionne seulement à cette occasion « tous curés et autres prêtres séculiers et réguliers ». Le législateur continue donc à ignorer *officiellement* les registres tenus par les pasteurs protestants[4].

Cependant, les agents du pouvoir royal tenaient la main à l'exécution des prescriptions concernant le dépôt, au greffe du ressort, des registres de baptêmes, mariages et sépultures[5]. C'est ainsi qu'au vingt-sixième synode national tenu à Charenton (1631), le commissaire du roi, Galland, fit observer que ces registres « devaient être portés dans les cours de justice dont les églises dépendaient », et le synode « enjoignit aux provinces d'ob-

---

1. Cf. abbé Pétel, *op. cit.*, p. 110-111.

2. Ainsi le décès de l'ancien consul Jacques Dupuy — le défenseur de Montauban en 1621 — n'est déclaré au consistoire de Réalville (Tarn-et-Garonne) qu'un mois après l'inhumation (21 avril-24 mai 1676). Arch. de Tarn-et-Garonne, E *état civil*.

3. Par exemple Malesherbes, *Second mémoire sur le mariage des protestants*, p. 74 (2⁵ observation); Dalloz, *Jurisprudence générale*, 2⁵ éd., *verbo* « actes de l'état civil », n⁵ 10; E. Coüard-Luys, dans *Bull. prot.*, t. XXXII, p. 61, n. 1.

4. Toutefois, il est bien obligé d'indiquer (article 108) les conditions requises pour bénéficier de la juridiction des Chambres de l'édit, revendiquée à tort par certaines personnes étrangères à la R. P. R.; mais il reste encore dans le vague à propos des « attestations et actes » à exiger des parties. — Le même article 108 prescrit aux catholiques qui embrassent la Réforme d'en « passer déclaration au greffe principal du bailliage ou sénéchaussée où ils résident... ». Nous n'avons retrouvé aucune déclaration de ce genre au fonds du sénéchal de Montauban, encore très imparfaitement classé il est vrai.

5. Ordonnance de 1579, art. 181.

server ce règlement avec toute l'exactitude possible[1] ». D'autre
part, vers le milieu du xvii⁰ siècle, sans qu'on puisse trouver trace
à cet égard d'une décision synodale, les gardiens des archives
consistoriales se mirent parfois à recopier, pour le service de
leurs églises, les registres qu'ils détenaient : le fait s'est produit
notamment pour les églises de Lasalle, Saint-Hippolyte-du-Fort,
Saint-Jean, Monoblet, toutes situées aujourd'hui au département
du Gard[2]. Peut-être le gouvernement royal s'est-il inspiré de
cet usage lorsqu'il a prescrit en 1667, aussi bien pour les catholiques que pour les Réformés, la tenue en double des registres
de l'état civil[3].

*
* *

En 1664 seulement[4], le 22 septembre, les pasteurs protestants
reçurent, officiellement et expressément, la mission de constater et d'enregistrer légalement l'état civil de leurs ouailles. L'arrêt du Conseil en date de ce jour porte (article 9) « que les
ministres tiendront registre des baptêmes et mariages qui se
feront desdits de la R. P. R., et en fourniront, de trois en trois
mois, un extrait au greffe des bailliages ».

C'est donc à propos des registres protestants que l'autorité

1. Chap. xv, art. 10. — On trouve, en effet, dès la première moitié du
xvii⁰ siècle, des dépôts de registres protestants au greffe des bailliages. Dans
son étude déjà citée, l'abbé Pétel en rapporte (p. 82) un exemple emprunté à
l'église de Landreville (arch. de l'Aube, B 373 et 397).

2. Cf. les archives de ces communes et *Bull. prot.*, t. XLIX, p. 562-563.

3. D'ailleurs certains rituels, comme celui de Bourges (1666), avaient prescrit,
avant le roi, la tenue en double des registres de catholicité. Cf. Gandilhon,
op. cit., p. vii. — Très exceptionnellement, semble-t-il, on trouve, à l'église
de La Rochelle, une copie qui paraît contemporaine du registre original. Arch.
de la Charente-Inf., suppl. à la série E (reg. du greffe; p. 2 de l'inv. imp.).

4. D'après Anquez (*op. cit.*, p. 16), « un arrêt du Conseil du 7 avril 1662
classa les registres de baptêmes, de mariages et d'enterrements » parmi les
pièces susceptibles d'être admises comme preuves de l'exercice du culte
réformé. Cette indication est doublement inexacte : d'abord, aucun arrêt du
7 avril 1662 n'est relatif à cette matière; ensuite, l'arrêt du 7 août de la même
année stipule simplement que les Réformés prouveront « par actes tant seulement » — des registres de baptêmes il n'est point encore question — que
l'exercice de la R. P. R. a été fait dans les lieux contestés. Cet arrêt est publié
notamment au *Recueil de ce qui s'est fait en France contre les protestants,*
de J. Lefèvre (1686), p. 254-255. — L'arrêt précité du 22 septembre 1664 a été
reproduit par E. Benoist, *op. cit.*, t. III (1ʳᵉ partie), p. 165-167 des *Preuves.*

civile a prescrit pour la première fois la tenue en double[1] des actes de l'état civil. Au demeurant, l'arrêt de 1664 paraît avoir été fort mal appliqué — du moins quant au dépôt trimestriel[2], — et cela parce que, presque aussitôt, l'ordonnance d'avril 1667 vint apporter (titre XX, articles 8-14) une nouvelle et plus complète réglementation de la matière.

Tout comme l'ordonnance de mai 1579, celle d'avril 1667 reste muette sur les fonctions civiles, légalement définies pourtant, des pasteurs de l'Église réformée. Mais ni les ministres protestants, ni les officiers de justice, ne paraissent avoir considéré ce silence du législateur comme tirant à conséquence : malgré les déclarations des 2 avril 1666 et 1er février 1669, qui confirment et renforcent sur ce point l'arrêt précité, juges et pasteurs s'accordèrent généralement à reconnaître que seule était valable en matière d'état civil — aussi bien pour les Réformés que pour les catholiques — l'ordonnance de 1667[3]. C'est ce qu'attestent clairement les formules du visa judiciaire.

L'ordonnance de 1667 fit apporter de très heureuses modifications à la rédaction des actes de l'état civil protestant. Sur les registres annuels, renfermant indistinctement toutes les catégories d'actes, baptêmes, mariages et sépultures, sont notés avec leurs éléments essentiels et signés, au moins sur la minute, par le pasteur, les parties et les témoins requis. Il faut remarquer, toutefois, qu'en ce qui concerne les mortuaires, certains pasteurs continuent à se montrer très négligents[4], et que, par contre, certains consistoires, obligés de tenir registre des

1. A proprement parler, il ne s'agit encore que de copies, et non de doubles, au sens où l'on entend aujourd'hui ce dernier mot.

2. Le plus souvent, en effet, les pasteurs ne versaient que tous les ans leurs registres-copies. On trouve pourtant quelques exemples de dépôts trimestriels, notamment à Landreville (arch. de l'Aube). Cf. Pétel, *op. cit.*, p. 112.

3. Cf. les *Observations sur deux déclarations... d'avril 1666* (Amsterdam, 1670). L'article 10, analogue à l'article 9 de l'arrêt précité, y est ainsi commenté : « Cet article est entièrement inutile, puisque la nouvelle ordonnance [d'avril 1667], qui s'observe maintenant dans tout le royaume, a suffisamment pourvu à ces registres de baptêmes et de mariages. »

4. Voici quelques constatations pour les consistoires de Montauban, Réalville et Villemade (arch. de Tarn-et-Garonne : année 1674 (Villemade), 28 baptêmes contre 3 sépultures; 1680 (Montauban), 423 contre 43; 1682 (Réalville), 150 contre 18. — A Montpellier, l'enregistrement des décès ne paraît avoir rien laissé à désirer à partir de 1668. Cf. GG 338-356 et *Bull. prot.*, t. IV, p. 402.

mariages, n'en ont pas moins continué à noter les annonces ou publications, ce qui nous vaut dans ce cas deux séries de documents partiellement analogues[1].

En tête du registre se trouve la formule habituelle (parfois se référant expressément à l'ordonnance de 1667), écrite par le juge qui a paraphé les feuillets. Sur la minute, destinée à rester aux archives du consistoire, mention est faite que la copie a été déposée au greffe du bailli ou du sénéchal. A partir de 1673, les consistoires se soumettent aux prescriptions relatives au papier timbré. En somme, leurs registres, à cette période, sont rédigés sur le même plan et d'après le même formulaire que les registres de catholicité.

*
* *

Avant que fût promulgué l'arrêt du 22 septembre 1664, les mesures de restriction contre l'exercice du culte réformé — mesures que devait couronner l'édit de Fontainebleau, enregistré le 22 octobre 1685 — avaient systématiquement commencé[2]. De 1661 à 1682 inclus, plus de 400 temples furent démolis ou interdits[3], sans que le pouvoir royal daignât considérer les répercussions que pouvait avoir sur l'enregistrement de l'état civil les suppressions d'exercice successivement arrêtées depuis plus de vingt ans.

Par qui et comment était tenu et enregistré l'état civil des Réformés dans les lieux d'exercice supprimés? Par des pasteurs nomades? C'est peu vraisemblable, car l'autorité royale s'était toujours opposée, notamment par ses déclarations des 2 décembre 1634 et 1er février 1669 (article 13), aux missions des ministres protestants hors de leur résidence. Force était aux religionnaires de se rendre dans les endroits où il y avait encore des temples ouverts au culte réformé[4]. Outre qu'ils exposaient les nouveau-

1. Cf., aux arch. comm. de Montauban, les registres mixtes de 1668-1683 (12 GG 39-54) et le registre d'annonces pour la même période (12 GG 34).

2. Cf. Gachon, *Quelques préliminaires de la révocation de l'édit de Nantes en Languedoc* (Bibliothèque méridionale, 2e série, t. V).

3. C'est le total qu'on obtient en dépouillant la « Liste des temples abattus » fournie par J. Lefèvre, *op. cit.*, 3e partie. De nombreux arrêts du Conseil portant suppression d'exercice ont été publiés par E. Benoist, *Histoire de l'édit de Nantes*, t. III, 3e partie.

4. Les protestants de Montauban, par exemple, allaient à Villemade, où le

nés à de sérieux dangers, ces déplacements finirent, à leur tour, par porter ombrage au gouvernement. Comme il est naturel, les autorités locales s'en émurent les premières et furent les premières également à trouver le remède : désignation officielle d'un pasteur pour enregistrer les actes de l'état civil là où le culte réformé était légalement supprimé.

C'est l'intendant de Languedoc, Daguesseau, qui, *motu proprio*, inaugure le système à Montpellier[1]. Prenant modèle sur lui, mais désireux en même temps de se couvrir, son voisin Foucault, intendant de Montauban, se fait autoriser par le Conseil du roi (arrêt du 26 juillet 1683[2]) à désigner les ministres chargés d'enregistrer les baptêmes en présence d'un officier de justice. Successivement sont rendus plusieurs arrêts analogues, en faveur de diverses villes ou régions : 1684, 28 mai (Vivarais)[3], 16 octobre (généralité de Bordeaux[4]); 1685, 31 janvier (ville de Rouen[5]).

Le 16 juin 1685, un nouveau pas est fait : ce jour-là, une série d'arrêts du Conseil autorisent les intendants de Languedoc, de Poitiers, de Pau, de Soissons, de Riom[6], à choisir « un nombre suffisant de ministres pour administrer le baptême aux enfants de ceux de la R. P. R. », et prescrivent auxdits ministres de « rapporter à la fin de chaque mois, au greffe de la plus prochaine juridiction royale, un état, certifié d'eux, des enfants qu'ils auront baptisés, pour être inséré sans frais sur un registre qui sera coté et paraphé par le premier juge; à ce faire le greffier, tenu à peine de 500 livres d'amende[7] ».

On en revenait, en somme, à la procédure organisée par la déclaration du 14 décembre 1563, c'est-à-dire à l'enregistre-

---

total des baptêmes et des mariages s'élève respectivement, pour 1683, à 245 et 47, contre 20 et 15 en 1682. (Arch. de Tarn-et-Garonne, *E état civil.*)

1. Cf. le registre GG 353, et Corbière, *Histoire de l'église réformée de Montpellier*, p. 242-243.

2. Publié au *Bull. prot.*, t. LIV, p. 118-120. Cf. les *Mémoires* de Nic.-Jos. Foucault, édités par F. Baudry, p. 87.

3. Arch. de l'Hérault, C 159.

4. Arch. comm. d'Agen, BB 66, fol. 20 (p. 60 de l'inv. imprimé).

5. Arch. du Calvados, C 1512 (p. 18 de l'inv. imprimé).

6. Les quatre premiers arrêts ont déjà été signalés par L. Anquez; le cinquième est mentionné par l'*Inventaire sommaire des archives du Puy-de-Dôme*, liasse 7338 de la série C.

7. Extrait de l'arrêt relatif au Languedoc; la formule est d'ailleurs la même dans les autres.

ment des baptêmes par les officiers de justice. Ce système, l'arrêt du Conseil en date du 15 septembre 1685, qui statuait pour tout le royaume, l'étendit aux mariages. Mais ces tentatives de laïcisation n'étaient pas sincères[1] : un mois à peine après ce dernier arrêt, Louis XIV signait l'édit révocatoire, qui anéantissait l'effet de ces dispositions.

Toutefois cette législation reçut au moins un commencement d'exécution. A Montauban, Montpellier, Montredon[2], Réalmont[3], divers pasteurs tinrent des registres de baptêmes rédigés par-devant un officier de justice, dont la présence est expressément mentionnée et qui appose sa signature[4]. Les arrêts du 16 juin 1685 et l'arrêt du 15 septembre suivant devaient, en théorie, modifier sensiblement cette procédure : le pasteur célébrait seulement les baptêmes et les mariages[5], tandis que l'enregistrement des nouveau-nés et des mariés était confié au greffier de l'officier de justice. En pratique, ces dernières dispositions n'entrèrent jamais en application[6], ce qui est d'ailleurs fort naturel, car le législateur n'avait prévu aucune rémunération pour le greffier.

*   *
*

Jusqu'ici, la législation *positive* de l'état civil protestant s'est révélée à la fois imprécise et incomplète ; la législation *négative* va présenter les mêmes défauts.

1. A la fin du xviii⁰ siècle, Malesherbes soutint le contraire et parvint à convaincre Louis XVI, qui crut, en signant l'édit de tolérance, codifier les mesures prises par Louis XIV; mais son argumentation ne résiste pas à l'examen des faits. Cf. Lavisse, *Histoire de France*, t. VII, 1ʳᵉ partie, p. 77, la lettre de Louvois à l'intendant de Montauban (17 octobre 1685), publiée avec les *Mémoires* de Nic.-Jos. Foucault, p. 136-137, et la page suivante.

2. Tarn, arr. de Castres.

3. Tarn, arr. d'Albi.

4. Cf. arch. comm. de Montauban (12 GG 55-56), de Montpellier (GG 353-356), arch. du Tarn (B 1114). En ce qui concerne Montauban, des spécimens de ces actes ont été publiés par M. Nicolas au *Bull. prot.*, t. XXIII, p. 35-37.

5. Pour les sépultures, aucune mesure n'était prévue. S'il faut en croire Malesherbes, le texte réglementant leur enregistrement était en préparation lorsque survint l'édit de révocation; il n'en fut pas moins publié, *mutatis mutandis*, sous forme de déclaration royale (11 décembre 1685). Ce texte est commenté plus loin.

6. Cf. les actes inscrits au « registre des baptistaires pour servir à Mᵉ Lot Sers, ministre nommé pour baptiser les enfants de ceux de la R. P. R. dans

En effet, l'édit révocatoire n'est explicite que pour les baptêmes (article 8) : « A l'égard des enfants qui naîtront de ceux de ladite R. P. R., voulons qu'ils soient dorénavant baptisés par les curés des paroisses... » Ainsi, dès la fin de 1685, nouveau-nés catholiques et protestants figurent indistinctement[1] sur les registres paroissiaux.

En ce qui concerne les mariages, le silence de l'édit est absolu. Malesherbes et Rulhière ont essayé de soutenir que Louis XIV n'avait pu obliger les réformés à se marier devant le prêtre catholique[2]. Ils citent à cet égard une déclaration du 1ᵉʳ janvier 1686, qui aurait autorisé à résider en France les ministres ayant obtenu du roi une permission écrite. Ce texte, dont l'existence est plus que douteuse[3], demeure introuvable. Légalement, c'est dans les registres de catholicité que l'on devrait trouver, dès la fin de 1685, tous les mariages des nouveaux convertis[4].

Pendant la période de proscription, seuls les registres mortuaires des religionnaires, jusqu'alors restés en dehors des réglementations du pouvoir civil, semblent avoir préoccupé le gou-

les lieux de Montredon, Réalmont et lieux circonvoisins, par ordonnance de Mgr l'intendant [de Languedoc] du 23 de ce mois [d'août 1685]... » (Arch. du Tarn, B 1114, p. 243 de l'inventaire imprimé.)

1. L'application des règles édictées par certains rituels diocésains permet, dans bien des cas, de reconnaître les baptèmes d'enfants issus de protestants. Cf. *Bull. prot.*, t. LXI, p. 97-139, et le reg. E 3586 des archives du Tarn (p. 331 de l'inventaire imprimé). La déclaration du 12 mai 1782 défendit aux curés d'ajouter, sur les registres paroissiaux, « aucunes clauses, notes ou énonciations autres que celles contenues aux déclarations de ceux qui auront présenté les enfants au baptème » ; à partir de sa mise en vigueur, il devient donc impossible de distinguer, sur lesdits registres, les enfants des religionnaires des nouveau-nés catholiques.

2. Cf. Anquez, *op. cit.*, p. 28-30.

3. Cf. la note 1 de la p. 322 et Gachon, *les Biens des églises protestantes en 1685*, dans les *Annales du Midi*, année 1913, p. 305.

4. Toutefois, grâce aux « permissions expresses par écrit » prévues par la déclaration du 14 mai 1724 (art. 17), plusieurs religionnaires purent faire valablement enregistrer leur mariage « en pays étranger » dans les chapelles luthériennes des ambassades suédoise ou danoise. (Communication de M. Armand Lods. Cf. une note de cet auteur au t. XLIV du *Bull. prot.*, p. 47.) — Sur les subterfuges qu'employaient les Réformés pour éviter le mariage catholique ou le frauder, voir Anquez, *op. cit.*, p. 30, 48, 58-64. Cf., à propos de la complicité de certains curés, la curieuse histoire des « *Mariageurs* » de *Sainte-Catherine* (diocèse d'Albi), racontée par E.-O. Bonifas dans le *Bull. prot.*, t. LIII, p. 193-227. On relèverait facilement de nombreux faits analogues.

vernement[1]. Six semaines après la promulgation de l'édit révocatoire, la déclaration du 11 décembre 1685 vint réglementer la matière. Aux termes de cette déclaration, les deux plus proches parents du défunt — ou, à défaut, les deux voisins les plus immédiats — devaient notifier le décès au juge royal ou au juge seigneurial et signer sur le registre tenu à cet effet par lesdits juges.

C'étaient là de très sages dispositions. Si elles sont, le plus souvent, restées sans effet, il faut attribuer leur échec aux mesures rigoureuses qui furent, depuis lors, prises contre les relaps. Déjà les déclarations d'avril 1663 et du 20 juin 1665 les avaient bannis du royaume à perpétuité. Bien plus sévère fut celle du 29 avril 1686, qui intéresse directement notre sujet en ce qu'elle fixe la conduite à tenir vis-à-vis des nouveaux convertis retombés dans l'hérésie et décédés impénitents : procès devait être fait à leur cadavre ou à leur mémoire, leur corps (ou son effigie) traîné sur la claie et jeté à la voirie[2], enfin leurs biens confisqués.

Une pareille législation n'était point faite pour amener les parents des relaps, ni même leurs voisins, à remplir les formalités prescrites en cas de décès[3]. La déclaration du 8 mars 1715, dite de la présomption légale, renforcée par celle du 14 mai

1. Cependant, d'après le décret du 22 juillet 1806 (cf. le rapport préalable et l'art. 1er), des « chapelains étrangers » avaient été « autorisés » à enregistrer les « *naissances, mariages* et décès » des « Français professant le culte luthérien ». Cf. les trois registres aujourd'hui conservés à Paris (église luthérienne de la Rédemption), et Barroux, *les Sources de l'ancien état civil parisien*, p. 16-20. Voir également ci-dessous, p. 339, n. 3.

2. M. Denys d'Aussy (*Revue de Saintonge et d'Aunis*, 1895, p. 266-267) a essayé de soutenir que ces pénalités étaient restées comminatoires. Mais MM. N. Weiss et H. Gelin (*Bull. prot.*, t. XLIV, p. 511-527, et LII, p. 385-456) ont péremptoirement prouvé que de nombreuses sentences condamnant des relaps au supplice posthume de la claie avaient été réellement mises à exécution.

3. D'ailleurs, le supplice du cadavre traîné sur la claie provoquait fréquemment des « mouvements divers », si bien que, dès le début de 1687, l'autorité royale recommandait aux intendants de se montrer très circonspects dans son emploi. Cf. Rulhière, *op. cit.*, p. 356-357, et Lavisse, *op. cit.*, t. VIII, 1re partie, p. 371-372 et 384. — En Guyenne, par exemple, on n'osait plus, en 1693, ordonner cette pénalité : il arrivait ainsi que le fisc perdait le bénéfice de la confiscation, qu'on hésitait à prescrire parce qu'elle entraînait le supplice de la claie. Cf. la lettre adressée le 21 juillet 1693 par l'intendant de Bordeaux au contrôleur général, dans Boislisle, *Correspondance des contrôleurs généraux*, t. I, n° 1208.

1724 (article 9), l'aggrava encore. Aux termes de ces deux dernières déclarations, tout religionnaire, précédemment converti ou non, qui, en cas de maladie, refusait de recevoir les sacrements, était *ipso facto* considéré comme relaps et traité comme tel.

Aussi bien les registres de décès des religionnaires sont-ils, du moins à notre connaissance, extrêmement rares pour la fin du règne de Louis XIV et le premier tiers du règne de Louis XV. D'après nos relevés, le plus ancien serait celui que tint le greffier du siège ordinaire de Clairac, à partir du 6 avril 1718[1]; deux autres proviennent des justices royales de Castres (1723-1734)[2] et Saint-Antonin (1736-1738)[3] : c'est tout ce que nous pouvons mentionner[4].

On ne pouvait traiter aussi rigoureusement les réformés étrangers, que l'arrêt du Conseil du 11 janvier 1686 avait expressément autorisés à résider en France avec leur famille et à y faire leur commerce; effectivement, des dispositions insérées au traité d'Utrecht (11 avril 1713) et au traité conclu avec les Villes hanséatiques (28 septembre 1716) précisèrent que les parties contractantes s'engageaient à assurer une sépulture décente à leurs sujets respectifs.

Restait seulement à assurer la constatation et l'enregistrement authentique de ces décès. En ce qui concerne Paris, il y fut pourvu par un arrêt du Conseil en date du 20 juillet 1720[5], qui prescrivit la tenue de deux registres doubles, paraphés par le lieutenant général de police; l'un devait rester entre les mains

---

1. Arch. comm. de Clairac, GG 20. Cf. l'*Inventaire sommaire des archives de Lot-et-Garonne*, série E supplément, nᵉ 2201. — Toutefois, l'*Inventaire sommaire des archives du Tarn* (t. III) signale pour Castres, sous la cote E 5223, un prétendu registre du Désert (1692-1695), actuellement égaré, qui, comme E 5224 que nous avons pu examiner au greffe du tribunal civil, doit être un registre de décès.

2. Arch. du Tarn, E 5224.

3. Arch. de Saint-Antonin (Tarn-et-Garonne), cahier non coté.

4. Il semble donc bien que, le plus souvent, les religionnaires inhumaient leurs morts clandestinement et que les officiers de justice fermaient les yeux. Cf. la note 3 de la page 326.

5. Publié au *Bull. prot.*, t. XXXVI, p. 29. Cet arrêt fut rendu à la requête de l'ambassadeur des Provinces-Unies, Hop (*Bull. prot.*, t. III, p. 595-600). Les protestants étrangers de Marseille et Lyon avaient obtenu, au moins dès 1692, des cimetières particuliers, mais non, semble-t-il, l'enregistrement légal des décès [*ibid.*, p. 597, n. 1).

de ce dernier[1], l'autre être remis au concierge du cimetière, spécialement créé par l'arrêt. Environ six ans plus tard, le 24 mars 1726, une décision analogue étendit cette mesure aux ports du royaume, et assez nombreuses sont nos villes maritimes[2] pour lesquelles a été conservé l'un des exemplaires de ces registres de décès.

Cependant les religionnaires du royaume continuaient à enterrer leurs morts secrètement, en terre profane[3], au préjudice des « sujets catholiques », comme l'expose en son préambule la déclaration du 11 décembre 1685, au préjudice surtout du trésor royal, qui se trouvait gravement lésé par la non-déclaration des successions ouvertes au décès des nouveaux convertis[4]. Ne voulant pas abroger les déclarations de 1715 et 1724, le roi mit à profit la révision de la législation relative aux registres paroissiaux (déclaration du 9 avril 1736) pour prescrire (art. 13) la formation de registres spéciaux, tenus par les officiers de police, où seraient inscrits les décédés à qui la sépulture ecclésiastique était refusée, c'est-à-dire, notamment, les religionnaires impénitents ou relaps.

Lorsqu'ils ont été tenus régulièrement, ces registres ren-

1. Cet exemplaire a péri dans l'incendie de l'Hôtel de ville en 1871. Cf. Ch. Read, *les Sépultures des protestants étrangers et regnicoles à Paris au XVIIIe siècle*, dans *Bull. prot.*, t. XXXVI, *passim*.

2. Arch. de Nantes, GG 507 (p. 504-505 de l'inventaire imprimé, t. II). Cf. V.-L. Bourrilly, *Registre mortuaire des protestants de Marseille, 1727-1788*, dans *Bull. prot.*, t. LIX, p. 518-553.

3. Voir, à ce sujet, les résultats de l'enquête faite en Languedoc par ordre de l'intendant au début de 1737 et conservée aux archives de l'Hérault sous la cote C 471. Cf. Corbière, *Histoire de l'Église réformée de Montpellier*, p. 480-481. — Il faut noter aussi que les curés accordaient généralement la sépulture ecclésiastique aux enfants des nouveaux convertis. Certains consentaient à inscrire sur leurs registres les décès des relaps ; quelquefois même ils autorisaient leur sépulture dans le cimetière catholique. Cf. F. Villepelet, *l'Exécution de la révocation de l'édit de Nantes dans une petite paroisse du Périgord*, dans *Bull. hist. et phil.*, 1902, p. 28-29 ; le mémoire de Saint-Priest cité dans *l'Hist. de Languedoc*, éd. Privat, t. XIII, p. 1111, et une lettre de l'intendant de Montauban, 29 février 1784 (arch. du Lot, C 9).

4. Notons, toutefois, qu'un intendant de Montauban, Pajot de Marcheval, savait tirer parti de cette négligence systématique des religionnaires ; il ordonnait tout simplement de ne point rayer leurs morts du rôle de la capitation (arch. de l'Hérault, C 471). — De même un préposé à la régie des biens des religionnaires fugitifs considérait comme passés à l'étranger les décédés pour lesquels les héritiers ne rapportaient pas d'extrait mortuaire (*ibid.*, C 321).

ferment, pour toute personne décédée hors de la communion de l'Église catholique, la transcription[1] des actes suivants :

1° Requête adressée au juge de police par les parents de la personne défunte[2].

2° Ordonnance de soit-communiqué au procureur (royal ou fiscal).

3° Conclusions de ce dernier[3].

4° Ordonnance du juge autorisant l'inhumation en terre profane.

5° Procès-verbal de l'enterrement signé par deux témoins catholiques.

Malgré les formalités onéreuses[4] qu'elle entraînait pour eux, les religionnaires paraissent s'être soumis d'assez bonne grâce[5] à la déclaration du 9 avril 1736, sauf pourtant dans les campagnes, où la surveillance de la police était plus difficile. Des centres importants, comme Caen, Montauban, possèdent des

1. En fait, il a dû arriver souvent que l'officier de police — c'est le cas, notamment, pour le juge de Nègrepelisse (Tarn-et-Garonne) — s'est borné à enliasser les ordonnances qu'il délivrait; quelquefois même, comme dans l'Albigeois et le bas Quercy, les ordonnances, nullement transcrites sur un registre, sont restées mélangées avec les pièces de procédure. Cf., aux archives du Tarn, les liasses B 1073-1077, 1085, 1185; aux archives de Tarn-et-Garonne, les liasses B 962, 1088, 1090. — Les originaux des permis d'inhumer étaient confiés aux témoins, qui, après y avoir ajouté le procès-verbal d'enterrement, devaient les rapporter aux greffes de police. Une fois classés par ordre alphabétique des défunts, ces permis constituent une sorte de table des registres correspondants.

2. La requête est souvent remplacée par une simple déclaration verbale enregistrée par l'officier de police.

3. Quelquefois, comme aux registres tenus par le lieutenant général de police du bailliage de Caen (arch. du Calvados, C 1578-1587), les conclusions du procureur sont suivies d'un procès-verbal constatant le décès.

4. Certains juges exigeaient de 15 à 70 livres. Cf. *Bull. prot.*, t. LXI, p. 108, n. 2, et arch. de l'Hérault, C 421.

5. Parce qu'elle évitait, *en fait*, le supplice de la claie et la confiscation des biens. *En droit*, les déclarations de 1715 et 1724 restaient en vigueur : aussi arrive-t-il très fréquemment que, par mesure de prudence, les requêtes ne mentionnent pas la religion à laquelle appartenait le défunt; celui-ci, disent les parents, est décédé de mort subite, sans avoir pu recevoir les sacrements. Il peut même arriver que le permis d'inhumer soit cité comme pièce à conviction dans un procès de relaps (affaire Morméja, 1746; arch. de Tarn-et-Garonne, B 550 *prov.*). — Cf. la lettre de Saint-Florentin à l'intendant de Languedoc, 16 janvier 1739 (arch. de l'Hérault, C 321), et surtout l'ordonnance royale du 17 janvier 1750 (*ibid.*, C 160).

séries ininterrompues de permis d'inhumer depuis 1737 jusqu'à l'édit de tolérance[1]. Ce qui le prouve également, c'est que les premiers synodes du Désert ne prescrivent pas aux pasteurs la tenue d'un registre des inhumations ; il faut arriver jusqu'à 1757 pour trouver des instructions synodales relatives à cet objet[2].

Toutefois, nombreux devaient être les décès non déclarés aux officiers de police, car, à partir de 1774 environ et parallèlement aux permis d'inhumer, délivrés et notés par l'autorité judiciaire, le pouvoir royal[3] fit inviter discrètement les pasteurs à enregistrer fidèlement les sépultures de leurs ouailles[4]. Combinées avec les prescriptions synodales, ces instructions officieuses aboutirent à la tenue de registres qui se confondent avec ceux du Désert. Les ministres poussèrent même parfois la complaisance jusqu'à exécuter pour les agents du gouvernement une copie intégrale de leurs registres de sépultures[5].

Lorsque se constituèrent, au début du règne de Louis XV, les églises dites du Désert, l'enregistrement des baptêmes et des mariages ne tarda pas à préoccuper l'autorité synodale. « Au

1. Archives : du Calvados, C 1578-1587 ; de Montauban, 11 FF 1-7.
2. Synode du bas Languedoc, article 7.
3. D'après Anquez (*op. cit.*, p. 169), une déclaration royale datée de la dernière année du règne de Louis XV aurait prescrit aux religionnaires de dresser la liste de leurs morts. Ce texte n'a pu être retrouvé, mais le colloque du haut Languedoc, tenu le 4 août 1774, fait évidemment allusion à une décision de ce genre dans son article 2 : « Nos supérieurs nous ayant fait demander une liste de nos morts... » Du reste, on trouve ailleurs la mention très explicite des instructions données à cette époque par les administrateurs locaux ; cf. cette note de Jacques Rabaut en tête d'un registre des mortuaires de Montpellier : « ... Des ordres supérieurs ayant exigé de nous l'année dernière une note exacte du nombre de nos morts, le consistoire a décidé que l'on tiendrait à l'avenir un registre des sépultures... Fait en consistoire le 15 mars 1775. »
4. C'est le désir d'avoir, pour le mouvement de la population, des tableaux aussi exacts que possible, qui poussa le gouvernement et les intendants à adresser cette demande aux pasteurs. Cf. l'enquête de juin-novembre 1773 conservée aux archives de l'Hérault sous la cote C 28 et la formule suivante qui se trouve en tête d'un registre mortuaire du consistoire de Caussade (7 GG, 1779-1787) : « Mgr l'intendant de Montauban ayant fait prévenir le consistoire qu'à l'avenir ledit consistoire tiendrait un registre des morts et que toutes les années il lui serait envoyé un extrait de toutes les personnes décédées... »
5. Arch. du Lot, C 9 (p. 2 de l'inventaire imprimé).

xvıııᵉ siècle », a dit très justement M. E. Hugues[1], « la question de l'état civil prime tout. Hormis quelques gens « du menu », tous ceux des nouveaux convertis qui avaient le souci de leur fortune consentaient aux diverses épreuves imaginées par le clergé, à toutes les formalités, même à l'abjuration, pour donner à leur mariage le caractère de la légalité et assurer à leurs enfants un état civil régulier. C'est contre cette « lâcheté » qu'Antoine Court et les synodes s'élevèrent. Conformément à la vieille discipline des églises réformées, il était expressément défendu aux religionnaires de se marier à l'église et d'y faire baptiser leurs enfants... Quelques religionnaires, réfléchissant aux conséquences de leur acte, indécis, essayaient de biaiser... mais les synodes n'entendaient rien et ne pardonnaient point... Peu à peu on obéit... »

En matière d'état civil, la législation synodale du xvıııᵉ siècle est extrêmement abondante et parfois touffue ; on se bornera ici à dégager les éléments essentiels.

Dès la révocation de l'édit de Nantes, les premiers prédicants se montrent énergiquement opposés au baptême et au mariage catholiques ; mais ils sont entraînés par le courant, malgré le synode de Montpellier (1694-1695)[2]. A ses débuts, l'Église du Désert, reconstituée par A. Court pendant les premières années de la Régence, se fait assez accommodante : un synode de Languedoc et des Cévennes (1718, article 3) déclare que le baptême de l'Eglise romaine est valable. Mais cette manière de voir est vite abandonnée. De 1721 à 1740 environ, nombreuses sont les décisions synodales prescrivant aux fidèles de s'abstenir de tout acte de « superstition » à l'occasion des baptêmes ou des mariages. Il suffit de citer les synodes du Vivarais de 1721, 1725, 1732, 1738, le synode national de 1726, le synode des Cévennes de 1730.

A partir de 1730 au moins[3], on peut affirmer l'existence des

1. *Les Synodes du Désert*, t. I, p. xxxiv de l'introduction. — Cf. Lavisse, *op. cit.*, t. VII, 2ᵉ partie, p. 368-369.

2. Cf. Ch. Bost, *les Prédicants protestants des Cévennes et du bas Languedoc (1684-1700)*, t. II, p. 375-379.

3. D'après Anquez (*op. cit.*, p. 49-50), on trouverait des mariages enregistrés au Désert dès 1717 ; en fait, l'arrêt du Conseil (16 février, Arch. nat., E 1988) auquel se réfère cet auteur est muet sur la question. — D'autre part, le « registre des baptêmes de la nouvelle création du monde... » (1722-1723), saisi lors des poursuites intentées à la célèbre secte des « Multipliants » (arch. de

registres tenus par les prédicants. Au greffe du tribunal civil
de Nîmes[1], on conserve le registre tenu de 1730 à 1748 par le
pasteur Claris. Ce même pasteur a présenté au synode du bas
Languedoc réuni le 26 mai 1739 des « Règlements » examinés
par le synode de l'année suivante (9 juin 1740) et destinés, en
principe, à l'impression. Les chapitres xvi (article 6) et xviii
(article 7) prescrivaient la tenue d'un registre de baptêmes et
d'un registre de mariages, ce dernier signé des parties. Mais,
outre qu'il resta manuscrit, cet essai de « Discipline du Désert »
ne reçut pas, semble-t-il, l'approbation des églises[2].

C'est le synode national de 1744[3] qui doit être considéré
comme ayant pratiquement créé les registres du Désert. « Dans
chaque église, prescrit l'article 21, on sera exact à tenir un
registre des baptêmes et des mariages, et à y faire signer des
témoins en nombre suffisant, savoir : deux aux baptêmes et
quatre aux mariages, autant que l'on pourra trouver ce nombre. »
Divers synodes postérieurs ont formulé des prescriptions de
détail : paraphe des feuillets, billets à fournir pour l'enregistrement des nouveau-nés, etc. Les seules décisions importantes
qu'on ait désormais à noter sont l'inscription des mortuaires[4] et
la tenue en double des registres.

En ce qui concerne cette dernière pratique, l'utilité n'en est
apparue qu'assez tard[5], sans doute parce qu'on ne voulait pas

l'Hérault, C 196), ne peut être considéré comme un document d'état civil.
Cf. A.-C. Germain, *les Multipliants*, et *Nouvelles recherches sur la secte des
Multipliants*. — Enfin, le registre E 5223 des archives du Tarn (1692-1695),
dont l'inventaire imprimé fait un registre du Désert (église de Castres), et qui
est actuellement égaré, n'est sans doute qu'un registre de décès, comme
E 5224.

1. Copie à la bibliothèque de la Société de l'histoire du protestantisme français, n° 424 des manuscrits.

2. Cf. Hugues, *op. cit.*, t. I, p. 157, 160 et 357-404.

3. Vers la même époque, l'Assemblée générale du clergé de France constate
la recrudescence des baptêmes et mariages célébrés hors de l'Église catholique.
Cf. le mémoire de l'évêque de Saint-Pons, lu à la séance du 7 avril 1745, et
reproduit au tome VII de la *Collection des procès-verbaux des assemblées du
clergé de France*, col. 2017-2019.

4. Synode du bas Languedoc de 1757, article 7. Cette inscription faisait, en
quelque sorte, double emploi avec le permis d'inhumer; aussi, malgré diverses
décisions des synodes de 1766 (hautes Cévennes, art. 2; basses Cévennes,
art. 6), fut-elle assez mal effectuée jusqu'en 1774, date à laquelle l'autorité
civile fit demander officieusement aux pasteurs de tenir un registre des mortuaires. Cf. ci-dessus, p. 328, et le synode du bas Languedoc de 1774 (art. 6).

5. Toutefois, à la suite du synode national de 1744, les pasteurs qui vinrent

doubler les risques que faisait courir aux intéressés leur inscription sur des documents aussi compromettants que les registres du Désert[1]. Le synode national de 1748 avait d'abord prescrit (article 20) l'envoi à Lausanne d'une « copie exacte des mariages et baptêmes » ; cette prescription fut abrogée au synode national de 1756 (article 10). Mais, trois ans plus tard, le synode du bas Languedoc (article 3) prescrivait à chaque pasteur d'extraire, ou faire extraire, de son registre les baptêmes et mariages qu'il aurait célébrés, et de les remettre respectivement à chaque église intéressée. Renouvelée à plusieurs reprises, cette décision fut, en ce qui concernait l'avenir, complétée lors du synode tenu en 1768 dans le bas Languedoc (article 6). Enfin, « pour se conformer de plus en plus aux lois du royaume », un synode de 1773 (bas Languedoc, article 6) décida que toutes les églises tiendraient « deux registres pour les baptêmes et les mariages[2] », moyennant quoi les pasteurs seraient « libres d'en tenir ou de n'en point tenir en leur particulier[3] ».

Comment furent appliquées ces diverses prescriptions, souvent flottantes et contradictoires? Assez mal, semble-t-il, et rien n'est plus explicable. Ainsi que l'écrivait en 1748 un proposant du consistoire de Mazamet, les circonstances étaient nettement défavorables à la tenue de registres bien en règle : « Moi, proposant et écrivain du présent registre, déclare que les occurrences du temps par rapport à la persécution ne permettent pas (*sic*) d'administrer le baptême et de bénir les mariages que dans le Désert et en cachette, et, conséquemment, de les enregistrer qu'à la fin de l'année, lorsqu'on a ramassé tous les mémoires, que les fidèles donnent incomplets, manquant quelquefois les

prêcher dans le bas Quercy ouvrirent, dès le début de 1745, deux registres doubles : « ... les actes [de mariage]... furent couchés dans deux registres dûment timbrés, de la manière que le prescrit la déclaration du roi de 1736. » Cf. Fr. Galabert, *les Assemblées de protestants dans le Montalbanais en 1744 et 1745*, p. 20. — Ces deux registres doubles sont aujourd'hui conservés aux archives de Montauban (12 GG 57) et de Tarn-et-Garonne (*E état civil*).

1. Cf. les peines prévues par la déclaration du 13 décembre 1698 (art. 7), confirmée par les déclarations des 8 mars 1715 et 14 mai 1724, et l'ordonnance royale du 17 janvier 1750 (arch. de l'Hérault, C 160).

2. Le même article prescrit d'inscrire fidèlement les mortuaires sur les mêmes registres que les baptêmes et les mariages.

3. Toutefois, un synode de 1777 (Dauphiné, art. 2) enjoint à chaque pasteur de tenir, « outre le registre particulier des baptêmes et mariages dans chaque église...,, un [registre] général pour tout l'arrondissement dont il est chargé ».

noms des parrains et des marraines, et souvent celui de leur habitation[1]. »

Certaines églises, celle de Montauban et annexes par exemple, ont eu, dès la fin de 1744, des registres tenus assez régulièrement, et même sur papier timbré[2]. Toutefois les actes n'étaient généralement signés que du ministre, quelquefois de deux ou trois témoins, souvent les mêmes. Il faut noter que la copie destinée aux églises ne fut, en général, faite qu'après coup et d'après les cahiers individuels des pasteurs : ceux-ci gardaient par devers eux les cahiers originaux, et il peut arriver que, par mesure de prudence, tel acte ne figure pas sur la copie *ad usum ecclesiæ* : c'est ainsi que le mariage du pasteur Michel Viala avec la veuve de Jacques Rosviel, célébré le 10 septembre 1761 par son collègue Dunière, figure seulement sur le registre-minute : la copie ne comporte qu'un simple renvoi à l'original[3].

Le recensement des registres du Désert est loin, sans doute, d'avoir été intégralement effectué. On peut dire, néanmoins, que les registres actuellement conservés ne sont pas, dans l'ensemble, antérieurs à la fin de 1744, et que leur tenue en double, très irrégulièrement assurée, n'est guère, sauf exception[4], antérieure à 1775.

*
* *

L' « Édit du roi concernant ceux qui ne font pas profession de la religion catholique[5] » vint mettre un terme à l'incohérence de la législation relative à l'état civil des religionnaires.

Les dispositions qui intéressent notre sujet se groupent autour de trois points essentiels : enregistrement des mariages réhabilités ; inscription des naissances, mariages et décès postérieurs à l'édit ; conservation des registres.

---

1. Cité par C. Rabaut, *Histoire du protestantisme dans l'Albigeois et le Lauraguais depuis la révocation*, p. 139. (Reg. aux arch. comm. de Mazamet.)

2. Cf. Fr. Galabert, *op. cit.*, p. 20.

3. Arch. comm. de Montauban, 12 GG 58, acte n° 404. Le registre-minute est conservé aux archives du Conseil presbytéral.

4. A Montauban, par exemple, où le Conseil presbytéral et les archives communales possèdent deux séries parallèles pour 1744-1761.

5. Comme la plupart des édits, celui-ci ne porte pas la date de quantième, mais le tarif annexé est du 17 novembre 1787. L'enregistrement au Parlement de Paris eut lieu le 29 janvier suivant, après l'adoption de quelques modifications de détail aux articles 14, 16-18, 20-21. Cf. Flammermont, *Remontrances du Parlement de Paris au XVIIIe siècle*, t. III, p. 694-702.

Enregistrement des mariages réhabilités. — Puisque
Louis XVI ne voulait pas, contrairement à l'avis de Malesherbes[1],
rendre rétroactivement légaux les registres tenus par les pasteurs après la révocation[2], il était nécessaire, pour accomplir
enfin la promesse faite par Louis XIV[3], de réhabiliter officiellement les mariages contractés au Désert. Les articles 21-24 y
pourvurent ; en voici les passages essentiels : « ... Seront tenus
lesdits époux et épouses de se présenter en personnes... devant
le curé ou le juge royal du ressort de leur domicile, auxquels ils
feront leur déclaration de mariage... et sera ledit acte [de réha-
bilitation de mariage] transcrit sur les mêmes registres que les
déclarations des mariages nouvellement contractés[4]... » Curés
et officiers de justice étaient donc autorisés à recevoir les déclarations des intéressés. Et si, en fait, les religionnaires firent le
plus souvent réhabiliter leur union par l'officier de justice, on
trouve néanmoins des déclarations reçues par les curés et insérées aux registres de catholicité[5].

*Enregistrement des naissances, mariages et décès posté-
rieurs à la promulgation de l'édit.* — Il est réglé par les
articles suivants : naissances, 25-26 ; mariages, 8-20 ; décès,
27-30. Cet enregistrement pouvait être effectué *ad libitum* par

1. *Second mémoire sur le mariage des protestants*, p. 89-90.
2. Toutefois, ces registres ou leurs extraits furent admis tacitement (art. 21,
in fine) à prouver la date des unions contractées, et les officiers de l'état civil
les visaient dans le procès-verbal des déclarations. Cf. Anquez, *op. cit.*, p. 252.
— Plus libérale, la législation actuelle considère explicitement les registres
des différents cultes comme commencement de preuve lorsqu'il s'agit de recons-
tituer les actes de l'état civil. Cf. la loi du 12 février 1872 (art. 2) et le projet
de loi adopté par la Chambre des députés le 22 juin 1922 (art. 1er).
3. Déclaration du 13 décembre 1698, art. 7.
4. Ces dispositions paraissent parfaitement claires. Cependant, beaucoup de
juges de bailliage, se basant sur une interprétation de Lamoignon, crurent
abusivement qu'ils étaient seuls qualifiés pour recevoir les réhabilitations de
mariages ; ils en profitèrent pour parcourir leur circonscription en recueillant
au passage les déclarations des religionnaires et constituant ainsi des registres
uniquement composés de réhabilitations. Barentin les ramena à une plus exacte
interprétation de l'édit. Cf. la correspondance échangée entre le garde des
sceaux et l'intendant de Montauban (décembre 1788 ; arch. du Lot, C 105), ainsi
que les registres E 4923-4924 des archives du Tarn et E *état civil* (Barry d'Is-
lemade) des archives de Tarn-et-Garonne.
5. Cf. les registres paroissiaux de Notre-Dame de Giglas-lès-Viane, où se
trouvent plusieurs déclarations collectives, englobant jusqu'à neuf couples
(arch. du Tarn, E 5269).

le curé ou par le juge[1]. Dans le premier cas, les actes relatifs aux Réformés prenaient place à côté de ceux qui concernaient les catholiques, et il n'était point créé de registres spéciaux. Dans le second cas, au contraire, s'ouvrait une nouvelle série de registres tenus par le « principal officier de justice » de la localité[2].

Tenue et conservation des registres civils. — Elles sont minutieusement réglées par les articles 31, 32 et 33[3]. Il suffit de noter ici que, dans toutes les villes possédant à la fois des officiers de justice et des officiers de police, le nouvel édit enlevait à ces derniers les fonctions que leur avait conférées, en matière de décès, la déclaration du 9 avril 1736. Le nouveau registre, contenant les trois catégories d'actes enregistrés indistinctement, devait être tenu en deux exemplaires, « dont l'un en papier timbré », dans les pays où il était en usage. Les sièges ressortissant nuement au Parlement devaient envoyer l'un des doubles au greffe de la cour[4]; les juridictions secondaires, au greffe du bailliage.

1. Peu nombreux furent les curés qui eurent à enregistrer l'état civil des religionnaires. Il semble bien pourtant que Louis XVI ait, comme Malesherbes (*Second mémoire*, p. 96-97), souhaité que les Réformés utilisent le ministère des prêtres catholiques : la réduction des frais en cas d'enregistrement par le curé le prouve suffisamment, alors surtout que les tarifs d'expédition étaient identiques en matière d'état civil catholique (déclaration du 9 avril 1736, art. 19). Mais les deux autorités religieuses, catholique et protestante, s'opposèrent à l'option ainsi laissée aux religionnaires. Cf., d'une part, l'ordonnance de l'évêque de La Rochelle (26 février 1788), les procès-verbaux de l'Assemblée générale du clergé de France (1788) et les cahiers de doléances du clergé dans les sénéchaussées de Béziers, Le Mans, Saintonge (*Archives parlementaires*, t. II, p. 346; t. III, p. 638; t. V, p. 660); d'autre part, le synode de Saintonge, Angoumois et Bordelais (1788, art. 12 et 13).

2. Il faut noter ici que, tout comme après le décret du 20 septembre 1792, les pasteurs continuèrent à tenir leurs registres de baptêmes, mariages et sépultures, « l'édit ne le leur interdisant pas » (synode du haut Languedoc, 1er mai 1788, art. 13). Lors de la laïcisation générale de l'état civil, ces registres, encore moins « légaux » que les registres du Désert, furent néanmoins reçus, clos et arrêtés par les municipalités.

3. L'art. 34 prescrit l'établissement d'un registre de dispenses de parenté ou de publication de bans, tenu au chef-lieu de chaque bailliage. Cf. le registre E 5228 des archives du Tarn.

4. Bien que le texte de l'édit ne soit pas explicite sur ce point précis, il est vraisemblable que le registre sur timbre restait entre les mains de l'officier de l'état civil. Cf. les deux registres doubles de Lavilledieu (arch. de Tarn-et-Garonne) pour 1789 : l'exemplaire timbré provient du juge de Lavilledieu, tandis que l'autre était jadis conservé au greffe du sénéchal de Toulouse.

Les auteurs des décrets relatifs au nouvel ordre judiciaire
(16 août 1790 et 6 mars 1791) ne semblent pas s'être préoccu-
pés de confier explicitement aux nouveaux magistrats les fonctions d'officier de l'état civil que remplissaient les juges de l'ancien régime. Heureusement, les membres des tribunaux de
district et les juges de paix[1] passèrent outre au silence du législateur, et, en cette matière comme en d'autres, assurèrent régulièrement la transmission des pouvoirs jusqu'à la laïcisation
générale de l'état civil (décret du 20 septembre 1792).

II.

Rédigés au milieu des circonstances les plus diverses, les
registres protestants ont, depuis la révocation de l'édit de
Nantes, éprouvé des vicissitudes qui n'ont favorisé ni leur conservation, ni leur groupement en collections uniques et homo-
gènes.

Pour jeter un peu de clarté sur une situation assez confuse,
il convient de répartir ces registres en trois séries chronolo-
giques :

1° Registres antérieurs à la Révocation ;
2° Registres de la période 1686-1787 ;
3° Registres de l'édit de tolérance.

En exécution d'une remontrance du commissaire royal adoptée par le synode national de 1631, les consistoires devaient
porter leurs registres « dans les cours de justice dont les églises
dépendaient ». Comme pour les registres de catholicité[2], ce
dépôt s'exécutait fort mal ; à Montauban, par exemple, il ne fut
réalisé qu'après la révocation[3]. — L'arrêt du 22 septembre
1664, l'ordonnance d'avril 1667 ayant prescrit pour ces docu-

1. En ce qui concerne l'état civil des Réformés de Montauban, le tribunal de
district en charge l'un de ses membres par jugement du 28 décembre 1790;
puis, par jugement du 14 janvier 1791, les juges de paix de Nègrepelisse et de
Caussade sont nommés, chacun dans son canton, officiers de l'état civil des
non-catholiques (arch. du greffe de Montauban, reg. des jugements).

2. On sait que, très souvent, les collections bailliagères ne sont pas antérieures à 1668 ou même à 1737, alors qu'elles devraient remonter à 1539.

3. Cf. l'inventaire des papiers du consistoire de Montauban saisis après la
Révocation (Arch. nat., TT 255, n° 35).

ments leur tenue en double exemplaire, la copie annuelle (ou trimestrielle) de chaque minute vint rejoindre aux greffes des bailliages les registres précédemment déposés par les consistoires. Dans les lieux d'exercice supprimés, les minutes furent, en vertu de l'arrêt du Conseil du 9 août 1683, centralisées aux mêmes greffes, et cette réunion, contraire au sens commun, devint générale à partir de la révocation [1].

Après 1685, les registres protestants, y compris les minutes et grosses afférentes à la période 1667-1685, subirent le même sort que les registres de catholicité. C'est ainsi que nous les trouvons expressément mentionnés aux édits d'octobre 1691 et décembre 1716, qui créèrent, puis supprimèrent, les greffiers spéciaux de l'état civil. Au cours du xviiie siècle, le gouvernement ne les perdit pas de vue : la déclaration du 9 avril 1736 (article 37) en prescrivit le maintien aux greffes des bailliages, « à l'égard des minutes » aussi bien que des grosses.

A partir de la Révolution, les registres protestants ont partagé les vicissitudes qu'ont fait subir aux registres paroissiaux le législateur et le ministre de l'Intérieur. Transférés des greffes de bailliages aux greffes de tribunaux de district, puis « aux archives des départements[2] », ils ont été rétrocédés aux greffes des tribunaux civils[3] en exécution d'une circulaire de l'Intérieur

---

1. Contrairement aux indications fournies par les édits d'octobre 1691 et décembre 1716, l'édit de Fontainebleau est muet sur le sort des registres conservés par les consistoires. C'est l'arrêt précité (9 août 1683) — dont l'effet, cependant, paraissait limité au passé — qui joua encore lors des suppressions d'exercice postérieures à sa publication. Cf. l'ordonnance de Basville en date du 14 novembre 1685 (arch. de l'Hérault, C 159).

2. Décrets des 6 mars 1791 (art. 40) et du 20 septembre 1792 (titre VI, art. 4). — Assez souvent ce double transfert n'a pas été exécuté, en sorte que certains greffes peuvent détenir des registres provenant d'églises situées sur le territoire de départements voisins.

3. Cf. les greffes d'Angers (*Bull. prot.*, t. XLIII, p. 634), Boulogne-sur-Mer (*ibid.*, t. LVI, p. 574), Castres (*Inv. somm. des archives du Tarn*, série E, t. III, p. 482-484, 488, 494-495, 497), Châteaudun (*Bull. prot.*, t. L, p. 54), Corbeil (*ibid.*, p. 177), Gap (*Bull. de la Société d'études des Hautes-Alpes*, année 1914, p. 4-11), Laval (*Bull. prot.*, t. XXXVIII, p. 662-663), Marennes (*ibid.*, t. LIII, p. 150-151), Montauban (*ibid.*, t. LVII, p. 546-550), Nîmes [Cour d'appel] (*ibid.*, t. XLVIII, p. 29-33), Nogent-le-Rotrou (*ibid.*, t. IV, p. 324-326), Pamiers (F. Pasquier, *État civil existant dans les archives comm. et dép. de l'Ariège*, p. 30), La Rochelle (*Inv. somm. des archives de la Charente-Inférieure, supplément de la série E*, p. 1-62), Saint-Nazaire (*Bull. prot.*, t. LXI, p. 13), Saint-Quentin (*ibid.*, t. XLIII, p. 397, n. 1), Saintes

en date du 6 août 1817[1]. Et telle est la force de la routine administrative que l'erreur commise par Louis XIV n'est pas réparée partout; contrairement au bon sens, plusieurs greffes détiennent encore, ainsi que l'attestent divers répertoires imprimés[2], une double collection de registres pour la période de 1668 à 1685.

Parmi les fonds judiciaires versés à diverses époques aux archives départementales se sont trouvés plusieurs registres protestants antérieurs à la révocation de l'édit de Nantes, qui sont ainsi venus reprendre la place jadis occupée par eux : telle est, croyons-nous, la provenance[3] des registres conservés aux archives des départements suivants : Aube[4], Calvados[5], Eure-et-Loir[6], Isère[7], Loir-et-Cher[8], Loiret[9], Nord[10], Orne[11], Deux-Sèvres[12], Somme[13], Tarn[14], Haute-Vienne[15].

Nombreux, d'autre part, sont les registres de cette période

(*Bull. prot.*, t. XI, p. 317 et suiv.; XLII, p. 380 et suiv.), Sancerre (*ibid.*, t. XLII, p. 663, et XLIII, p. 161), Vitry-le-François (*ibid.*, t. LVI, p. 574).

1. Il est permis de se demander si cette circulaire n'a pas été, en l'espèce, trop largement appliquée. Cf. les circulaires du ministre de l'Instruction publique en date des 6 janvier et 1ᵉʳ septembre 1923.

2. Dont deux, celui du Tarn (série E, greffe de Castres, nᵒˢ 5210-5220) et celui de la Charente-Inférieure (greffe de La Rochelle, supplément à la série E, nᵒˢ 44-60), ont le caractère officiel. Cf. les répertoires, complets ou partiels, des greffes de Chartres (*Bull. prot.*, t. LXIII, p. 561-562; reg. déposés aux archives d'Eure-et-Loir), Marennes (*ibid.*, t. LIII, p. 150-151), Nîmes [Cour d'appel] (*ibid.*, t. XLVIII, p. 29-33), Saint-Quentin (*ibid.*, t. XLIII, p. 397, n. 1).

3. On n'a point mentionné ci-dessus les dépôts départementaux ayant reçu des registres protestants par voie de don ou d'acquisition.

4. B 373 et 397. Cf. Boutillier du Retail, *Répertoire des archives communales de l'Aube*, p. xiv et 258 (n. 3).

5. C 1549 et suivants. Cf. l'inventaire imprimé.

6. *Bull. prot.*, t. LXIII, p. 561.

7. Série E. Cf. l'*État général par fonds des Arch. dép.*, col. 331.

8. Série I. *Ibid.*, col. 372.

9. Série I. *Ibid.*, col. 405.

10. Cf. *Bull. prot.*, t. III, p. 255 et 534-538.

11. Série E. Cf. l'*État général par fonds*, col. 552.

12. Série B. *Ibid.*, col. 701. Cf. Canal, *les Cahiers d'état civil conservés aux archives des Deux-Sèvres*, dans *Soc. hist. et scient. des Deux-Sèvres, Procès-verbaux*, 1909, p. 363-368.

13. Série I. *Op. cit.*, col. 716.

14. B 853, 1073, 1114, 1280, 1281. Cf. l'inventaire imprimé.

15. Série G. *Op. cit.*, col. 781.

conservés aux archives communales[1]. A notre connaissance, leur présence n'y est justifiée par aucun texte législatif et doit, dans la plupart des cas, résulter de circonstances purement fortuites. Quant aux registres incorporés aux Archives nationales ou aux archives hospitalières, leur entrée dans ces dépôts s'explique, si elle ne se justifie pas, par diverses raisons de fait. En ce qui concerne les registres de la série TT, ce sont ou des pièces à conviction envoyées par les églises à l'appui de leurs requêtes au Conseil du roi[2], ou des résidus provenant de la régie des religionnaires fugitifs[3]. Et si les hôpitaux de Gap et de Condom[4], par exemple, possèdent aujourd'hui des registres protestants, c'est que ces établissements recueillirent, après la Révocation, les biens ainsi que les papiers des consistoires de leur région, et qu'ils retinrent sans raison des documents destinés aux greffes des bailliages.

Quelques registres de cette période se sont dispersés dans des collections particulières, notamment à la bibliothèque de la Société de l'histoire du protestantisme français[5]; certains sont restés aux archives des consistoires[6]. Mais ce sont là des cas isolés et fortuits. Par contre, il est permis de supposer que les archives seigneuriales doivent renfermer de tels registres dans les châteaux où le culte réformé était autorisé en vertu des édits de pacification, confirmés sur ce point par l'article 7 de l'édit de Nantes. Sans doute, la *Discipline* interdisait-elle tous baptêmes en dehors des églises publiquement dressées[7]; mais la « marque d'exercice public » ne fut interdite qu'en 1669[8] dans les lieux

1. *La Ferté-sous-Jouarre* (Seine-et-Marne; cf. *Bull. prot.*, t. II, p. 411-415); *Montauban*, 12 GG 1-56; *Montpellier*, GG 314-356, 364-370; *Nîmes*, UU 92-105 (p. 23-28 de l'inventaire imprimé); *Paris* (registres incendiés à l'Hôtel de ville en 1871; cf. Barroux, *les Sources de l'ancien état civil parisien*, p. 19); *Réalville* (Tarn-et-Garonne); *Saint-Antonin* (Tarn-et-Garonne).

2. Cf. Gachon, *op. cit.*, p. 93-94, et *Bull. prot.*, t. II, p. 411, n. 1.

3. Cf. *État sommaire des documents conservés aux Archives nationales*, col. 499-500 (notice sur la série TT).

4. Arch. des Hautes-Alpes, *H supplément* 380-384 (consistoire de Gap, 1625-1684, p. 359-395 de l'inv. imprimé), et arch. hosp. de Condom, fonds de l'Hôpital général, H 27 et 77 (consistoires de Montagnac, 1610-1684, et de Layrac, 1578-1634; p. 5 et 9 de l'inv. imprimé, série H).

5. *Bull. prot.*, t. LVIII, p. 448. Reg. de Pontorson (Manche).

6. *Inv. somm. des archives de la Charente-Inférieure*, supplément à la série E, p. 1, n. 1.

7. Chap. xi, art. 6.

8. Déclaration du 1ᵉʳ février, art. 3.

bénéficiant de l'exercice de fief. Quoi qu'il en soit, on ne peut citer à cet égard qu'un seul registre[1] : c'est celui qui paraît avoir renfermé des baptêmes et des mariages célébrés au château d'Imécourt[2], où se réunissait l'église de ce lieu.

*
* *

Les registres *légaux* de la période 1686-1787 ne comprennent que les registres destinés à constater le décès ou à permettre l'inhumation des religionnaires[3].

Tenus en un seul exemplaire par les officiers de justice, les registres de décès (déclaration du 11 décembre 1685) étaient incorporés aux archives des anciennes juridictions et devraient se trouver aujourd'hui dans la série B des archives départementales. En fait, les seuls que nous connaissions sont actuellement conservés, soit dans un dépôt judiciaire (greffe du tribunal civil de Castres[4]), soit dans des dépôts communaux[5], ce qui, dans ce dernier cas, n'est pas régulier.

Les registres de sépultures des protestants étrangers décédant à Paris (arrêt du Conseil du 20 juillet 1720) et dans les principaux ports du royaume (arrêt du Conseil du 24 mars 1726) étaient tenus en deux exemplaires, dont l'un restait au greffe de la juridiction de police et l'autre était remis au concierge du cimetière protestant. Pour ce dernier exemplaire, aucune mesure ne paraît en avoir assuré la conservation, et on n'en trouve trace nulle part. Mais celui que gardait l'officier de police nous est parvenu avec les fonds des juridictions inférieures. En principe, il devrait figurer à la série B des archives départementales ; en fait, dans beaucoup de villes où les consuls exerçaient les fonctions de police, les officiers municipaux n'ont pas con-

---

1. Ms. 214 de la bibliothèque de la Société de l'histoire du protestantisme français. (Communication de M. N. Weiss.)

2. Ardennes, arr. de Vouziers.

3. Il faut y ajouter cependant les registres tenus par les chapelains étrangers. La Commune de Paris les réclama vainement en 1793. Cf. A. Lods, *l'Église luthérienne de Paris pendant la Révolution*, p. 10-13. Le décret du 22 juillet 1806 en fit établir une traduction, déposée au greffe du tribunal civil de la Seine. Cf. la note 1 de la p. 324, et Barroux, *op. cit.*, p. 20.

4. Cf. ci-dessus et *Inv. somm. des arch. du Tarn*, série E, t. III, p. 483 (n⁰⁰ 5224-5225).

5. *Clairac* (Lot-et-Garonne) et *Saint-Antonin* (Tarn-et-Garonne). Cf. ci-dessus, p. 325.

senti en 1790-1791 à verser leurs archives juridictionnelles; c'est pourquoi des registres de sépultures des protestants étrangers sont conservés aux archives communales de Paris, Marseille, Nantes, etc.[1].

Rédigés en un seul exemplaire, les registres de permis d'inhumer (déclaration du 9 avril 1736, article 13) ont partagé le sort des documents émanés des officiers de police; c'est dire, qu'ils doivent en principe se trouver aux archives départementales (série B)[2]. Pour les raisons qui viennent d'être exposées, ces registres, aussi bien que les requêtes elles-mêmes, sont restés fréquemment aux dépôts communaux[3].

A côté de ces registres légaux, on trouve dans les archives publiques des registres dépourvus de tout caractère officiel, mais qui paraissent néanmoins avoir pris rang dans ces dépôts en exécution d'une mesure législative. Il est fait allusion ici aux registres du Désert; la plupart sont aujourd'hui conservés aux archives communales[4], où ils ont dû être versés en vertu de la loi du 20 septembre 1792, dont l'article 1er du titre VI visait les « dépôts des registres de *tous les cultes* ». Telle est du moins la provenance de la belle série de registres (1744-1792) actuellement déposée aux archives de Montauban[5]. Quelques-uns de

1. Cf., pour Paris : Ch. Read, *les Sépultures des protestants étrangers et regnicoles à Paris au XVIII° siècle, d'après les dépôts de l'état civil incendiés en 1871*, dans *Bull. prot.*, t. XXXVI, p. 25-35, 87-90, 133-141 et 260-269 (5 registres). — Pour Marseille : V.-L. Bourrilly, *Registre mortuaire des protestants de Marseille, 1727-1788*, dans *Bull. prot.*, t. LIX, p. 518-553. — Pour Nantes : S. de la Nicollière-Teijeiro, *Inv. des arch. communales de Nantes*, t. II, p. 504-505 (GG 507, 1739-1788).

2. Tel est le cas des registres ou des requêtes provenant des justices de Montredon et Réalmont, Roquecourbe, Viviers (arch. du Tarn, B 1114, 1128, 1185, 1190, 1291); Lavilledieu, Nègrepelisse, Réalville (arch. de Tarn-et-Garonne, B prov. 962, 1040, 1073 bis, 1088, 1090).

3. Exemples : Castres, GG 54 (p. 27-28 de l'inv. imprimé, série GG); Montauban, 11 FF 1-7 (1737-1788); Mas-Grenier (Tarn-et-Garonne), GG 1 (1751-1787); Saint-Antonin (Tarn-et-Garonne), GG 25 (1738-1745).

4. Parfois en double exemplaire, comme à Montmirat (Gard), pour la période 1775-1793. Cf. *Bull. prot.*, t. XLI, p. 48-49. Mais le plus souvent, semble-t-il, les consistoires ont conservé les registres originaux tenus par les pasteurs et qui ont servi de base aux copies faites pour les églises. Tel est le cas à Montauban.

5. Voir les procès-verbaux de remise à la municipalité, dressés les 7 et 8 janvier 1793 (arch. de Montauban, 11 E 1). Cf. la délibération de la municipalité de Caen du 23 nivôse an V, citée par R. Patry, *le Régime de la liberté des cultes dans le Calvados*. (Communication de M. A. Lods.)

ces registres ont pu se glisser dans les fonds administratifs ou judiciaires de l'ancien régime, à l'état de pièces à conviction, comme ceux de la fameuse secte des « Multipliants », ou du pasteur Majal des Hubas, condamné à mort en 1746[1].

* * *

Pour les registres dressés en exécution de l'édit de tolérance, deux cas doivent être envisagés.

1° Lorsque l'officier de l'état civil appartenait à un siège ressortissant nuement à une cour, la minute restait au greffe dudit siège, et la grosse était transférée aux archives de ladite cour. Aucune disposition ultérieure n'étant intervenue sur ce point particulier, certains greffes de cours d'appel, héritiers des archives des parlements, peuvent détenir encore aujourd'hui des registres-grosses de la période 1788-1790; du reste, si cet état de fait présente des inconvénients, encore vaut-il mieux le respecter que placer, comme on l'a fait quelquefois, deux registres doubles dans le même dépôt[2].

Lors de la suppression des parlements et des bailliages[3], les registres des non-catholiques ne furent l'objet d'aucune disposition législative. Si la conservation des minutes fut tout naturellement, sinon explicitement, confiée au greffe du tribunal de district, le sort des grosses restait indéterminé. Il semble bien qu'elles demeurèrent dès lors à côté des minutes, et que les officiers municipaux se les firent remettre en exécution de la loi du 20 septembre 1792 : c'est notamment ce qui eut lieu à Montauban, où le greffier du tribunal déposa ses grosses à la mairie, suivant procès-verbal du 26 novembre 1792[4].

2° Si l'officier de l'état civil était un juge royal ordinaire ou un juge seigneurial, les minutes restaient à son greffe, tandis que les grosses étaient transférées au bailliage, puis au tribunal de district. Remises, en fait, après 1790, au greffe de ce dernier tribunal, les minutes de la période 1788-1790 peuvent se trouver encore aujourd'hui à côté des grosses, lorsque l'officier de

---

1. Archives de l'Hérault, C 196 et 219. (Communication de M. Berthelé.)

2. Arch. du Tarn, E 4923 et 4924, 4925 et 4926. Cf. la lettre du préfet de la Haute-Garonne au préfet du Tarn, annonçant la réintégration (illogique) du registre E 4924 (10 novembre 1885).

3. Décret des 7-11 septembre 1790, art. 14.

4. Arch. de Montauban, 11 E 1.

l'état civil, supprimé en 1790 en tant qu'officier de justice, n'a pas été remplacé sur les lieux mêmes par un juge de paix du nouveau régime[1]. Dans le cas contraire, le juge de l'ancien régime a tout naturellement, malgré le silence de la loi, remis au juge de paix ses registres-minutes, qui ont ensuite été versés aux archives communales (loi du 20 septembre 1792)[2], alors que les grosses, déposées au tribunal de district, ont été transférées successivement aux archives des départements (loi du 20 septembre 1792) et aux greffes des tribunaux civils (circulaire du 6 août 1817).

En résumé, pour toute église protestante ayant régulièrement tenu ses registres depuis 1559, la répartition légale de ces documents devrait actuellement se présenter comme suit[3] :

Registres de 1559 à 1685 (baptêmes, mariages, sépultures) : au greffe du tribunal civil (ou aux archives départementales, série E), y compris les doubles de la période 1667-1685, et même ceux de la période 1559-1667.

Registres de décès (déclaration du 11 décembre 1685, registre unique) : aux archives départementales, série B[4].

Registres de décès des protestants étrangers (arrêts de 1720 et 1726, deux[5] registres doubles) : aux archives départementales, série B[6]; mais noter que très souvent ces documents, lorsqu'ils sont émanés des juridictions municipales, ont pu rester aux archives communales, malgré les décrets relatifs au nouvel ordre judiciaire.

1. Cf. le registre tenu en 1789 par le juge de la commanderie de Lavilledieu, simple commune au département de la Haute-Garonne (puis de Tarn-et-G.) : la minute, sur papier timbré, est conservée au fonds de la justice de Lavilledieu (*B prov.* 962), et la grosse au fonds du sénéchal de Toulouse (arch. de Tarn-et-G.).

2. Cf. les arch. communales de Négrepelisse (GG 9) et de Réalville (E 9), où sont conservées les minutes des registres de l'édit; Réalville, qui est aujourd'hui une simple commune, était chef-lieu de canton en 1790.

3. Il existe à la bibliothèque de la Société de l'histoire du protestantisme français un répertoire manuscrit des registres protestants publiés, analysés ou cités au *Bulletin* de cette Société.

4. En vertu d'une circulaire précitée (min. Instr. publ., 6 janvier 1923), ces registres devront, semble-t-il, par voie d'analogie, prendre place dans la sous-série *E état civil*.

5. L'affectation actuelle de l'un de ces deux registres n'a pu être déterminée. Cf. ci-dessus, p. 339.

6. Cf. la note 4.

Permis d'inhumer (déclaration du 9 avril 1736) : mêmes observations.

Registres du Désert : aux archives communales (doubles aux archives consistoriales).

Registres de l'Edit de tolérance : minute, aux archives communales ou aux archives départementales (série B[1], fonds des juridictions inférieures); grosse, aux archives départementales (série B[2], fonds des parlements, ou des bailliages et sénéchaussées).

*
* *

L'étude qui précède pourrait, semble-t-il, suggérer deux projets d'une réalisation facile.

1° Centralisation aux Archives départementales des registres protestants conservés dans les greffes[3] (tribunaux civils et cours d'appel).

2° Établissement, pour faciliter cette centralisation, d'un répertoire numérique (par départements) des registres protestants conservés dans les divers dépôts, publics ou privés. Ce travail est déjà réalisé au moins dans trois départements (Drôme, Tarn et Tarn-et-Garonne) où la tâche paraissait assez longue en raison des nombreux centres protestants qu'ils ont jadis possédés.

TABLE MÉTHODIQUE DES DÉPOTS CITÉS

Archives nationales.

P. 308, 309, 338.

Archives départementales.

Aube, p. 318, 319, 337.

Calvados, p. 309, 314, 327, 328, 337.

Eure-et-Loir, p. 337.

Hérault, p. 330, 341.

Isère, p. 337.

1. Cf. la note 4 de la p. 342.

2. Même observation.

3. Ils y sont gardés avec peu de soin. Cf. les disparitions signalées ci-dessus pour les greffes de Castres et de Saint-Nazaire. — Une circulaire du garde des sceaux (17 juillet 1923) vient d'autoriser la rétrocession aux Archives départementales des registres de catholicité. La même autorisation doit, de toute évidence, s'appliquer aux registres de l'état civil protestant.

TABLE, PAR DÉPARTEMENTS, DES DÉPOTS CITÉS

B. FAUCHER.

N. B. — Après avoir donné le bon à tirer de l'article ci-dessus, nous avons eu connaissance d'un registre protestant émané de l'église de Saint-Lô (Manche; greffe du tribunal civil), et dont le plus ancien acte de baptême remonte au 25 janvier 1557. Ce registre est ainsi antérieur au premier synode national (mai 1559), qui a créé, en fait, l'état civil des Réformés de France; mais de tels documents sont si rares qu'ils ne font que corroborer la constatation ci-dessus relatée (p. 308, n. 4).

www.ingramcontent.com/pod-product-compliance
Ingram Content Group UK Ltd.
Pitfield, Milton Keynes, MK11 3LW, UK
UKHW031737170726
13836UKWH00002B/721

9 782329 209746